文春文庫

おとなの事情

林 真理子

文藝春秋

目次

おとなの事情

副級長

全く三月終わりのテレビぐらい、人間をくっきり見せてくれるものがあるだろうか。ちょうど改編等にあたるために、去る者と来る者との明暗が分かれるのだ。

今日、朝のワイドショーを見ていたら、男性司会者が、女性の司会者を指して言った。

「来週から女性キャスターがかわります。来週からは、いつもリポーターをしてくれていたマリちゃんです」

画面にはマリちゃんが映し出される。つらいこともいろいろあったろうが、いよいよメインの司会になるのだ。声も表情も嬉《うれ》しさを隠しきれない様子が、ありありと見える。可愛いコだ。

しかし、私はスタジオにいる女性司会者の方にすっかり同情してしまった。自分より若くてピチピチしたコに仕事をとられてしまったのだ。普通の会社のＯＬでも、取り繕《つくろ》うのが大変だろう。それなのにテレビに映っている間は、ニコニコとやさし気な微笑をうかべていなくてはいけないのである。私だったら顔がひきつってしまうに違いない。本当に大変だよなあ。

今度は別のチャンネルをまわしたら、去っていく男性司会者が、大きな花束を手に泣いている。目を真赤にして、

「素晴らしい思い出を、有難うございましたッ！」

と、まるでプロ野球選手の引退試合だ。さりげなく降板を告げた、さっきの女性司会者とは全く対照的である。

つくづく考えた。テレビの世界においてはどうして男より女の方がずっと強いんだろうか。

小島一慶さんも、このあいだおいおい泣いて記者会見をしていた。女性スキャンダルがたたって、すべての番組を降りるという。

そこで頭にうかぶのは、女性キャスターたちの〝その後〟である。男性との朝帰り写真を撮られた女性たち（キャスターっていうのは、みんななぜか不倫が好きだ）は、降板することもなく、堂々と番組を続けているではないか。

男と女で同じことをしても、女は自立した強い女のイメージがつき、男は単に女にだらしないというイメージしか残らない。この不思議さ。

ここで私は中野翠が言った「論争の法則四つのパターン」を思い出す。
①男同士が批判し合うと、それはもう論争と呼ばれるが、
②男が女を批判すると、彼はもうそれだけで「保守反動」ということになり、
③女が男を批判すると、彼女はもうそれだけで「革新的」ということになり、
④女が女を批判すると、それは「いじめ」「たたき」と呼ばれることになる。
②の〝男〟というのをテレビ局に置き換えると、この一件はわかりやすい。私は断言してもいいのだが、もし不倫した女性キャスターをとばしたりしたら、そのテレビ局は、インテリの女性たちの総攻撃を浴びるだろう。
「男社会が、女性のプライベートな部分で、その女性の全人格をおとしめた」

「テレビ局は江戸の〝不義はご法度〟の時代に逆行するのか」ｅｔｃ……。

こんなことを言うと、またフェミニズムの人たちから叱られそうであるが、今ぐらい女が、自分の都合のいいことと、悪いことばかり考えている時があっただろうか。だから本当に権力のある男たちからはナメられるのだ。

都知事選の有力候補二人が、揃《そろ》って女性副知事を登用することを公約に入れた。このセンスというのは、閣僚の中に、山東昭子サンを入れた時と同じではないか。本当に恥ずかしい。

全く、紅ショーガではないんだから、入れときゃいいっていうもんでもなかろう。

私は子ども時代、女の子は副級長にしかなれなかったことを思いうかべるのである。今はどうだか知らないが、私の小学校・中学校の頃は、男は級長、女は副級長と決まっていた。私はそんな選挙とは縁のない出来の悪い子どもであったが、それと同じことが大人の社会でも起こっていることにびっくりしてしまう。

浜田マキ子サンという人は、

「私は副級長なんか絶対にイヤッ」

と言ったまれな人である。だから私は、彼女のことがわりと好きなのであるが、

「女性だからこそ」

「女性しか出来ない」

という言葉がたて続けに出たのには、いささかうんざりしてしまった。

「女だからこそ」などというのは、副級長の論理だぞ。

「女だからクラスの花壇をもっと綺麗にします」

「うさぎ当番をきちんと出来るのは、女だからです」

という小さな発想になってしまうのだ。級長は男、女ということを超越してクラス全体を見なくちゃならない、そういう立場のはずである。

それにしても、今度の都知事選は本当に面白いよなあ。地方の方は政見放送をご覧になれなくて残念だ。

昨夜は内田裕也サンが出て、歌と英語のスピーチというパフォーマンスを見せてくれたし、その後は右翼のおじさんがなにやら絶叫していた。

普段なら、級長選挙に出ないような悪童共も、いっせいに手を挙げたという感じでやたら活気がある。

これもずっと前から感じていたことであるが、選挙に出てくる女はたいてい副級長タイプか、それに準ずるようなコばかりだ。悪童タイプを見たことがない。

浜田マキ子さんも、級長を狙《ねら》っているやんちゃな副級長、もう一人の革新系の女性候補者は、単につまんない優等生。

「安全な給食を食べたいんです」

「私たちは絶対喧嘩《けんか》をしたくない」

と、正しいんだけれど、ありきたりのことしか言わない。

どうして女性の内田裕也サンとか中松義郎サンとかが出ないんだろうか。

いや、もしそういう女性がいたら、痛々しくて見ていられないだろうな。歌をうたって、「よろしく」なんていうパフォーマンスは、男だからなんとかサマになる。

女の人にはギリギリのところで、やはり何かを保ってほしい、並はずれて奇矯なことをしないでほしいなどと思うのは、私の中にもどこか、副級長予備軍のところがあるせいであろうか。

肉筆

こんな恥ずかしいことがあってもいいものだろうか。ファクシミリを、全く違うところに流してしまったのである。おまけにそれは、小説の追加分で、ちょうどラブシーンのところだ。

さらに運の悪いことに、私の原稿用紙は、コピーライターをしていた頃からデザインを変えていないので、「林真理子の原稿」(当時はしゃれているつもりだった) という文字がしっかり入っている。

どこの誰《だれ》に流れていったか知らないが、受け取った人はきっと驚いただろう。「林真理子の原稿」、しかもイヤらしいシーンが延々と続くファクシミリが、真夜中に届いたのだ。

こういう時、送り返したり、電話で連絡したりするのがOA時代のマナーと聞いているが、ついに何もなかった。

そう、私が恥ずかしがっているのは、なにもラブシーンの原稿だからではない。私の字は雑で、大層汚ないのである。

あの字を見られたことの恥ずかしさが、まず先にたつのだ。

ついこのあいだのことである。初めてある雑誌に連載小説を書くことになり、ファクシミリで原稿を送った。その後、すぐに編集者から電話がかかってきて、彼の言うことには、

「ハヤシさんの原稿、編集部のみんなでまわし読みしましたよ。これがハヤシマリコの字かって、みんな興味しんしんでした」

こういうことを聞くと、おびえてしまうのはあたり前でしょう。

原稿という自分のにおいがついたものは、極力人目に晒《さら》されることがないようにしようと誓ったほどだ。

においといえば、こんな話がある。

知り合いの女性編集者が、あるアイドル歌手の撮影をしたそうだ。ファッション雑誌だからスタイリストがつき、頭のてっぺんから爪先まで用意する。

「すごくナーバスになっているの。洋服はともかく、脱いだストッキングのことを気にして、大変だったのよ。私、めんどうくさくなって『持っていけば』って言ったら、ほ

っとしたような顔しちゃって。可哀相に、ヘンなことに使われるの気にしてたのね」

「そうよねえ、〇〇子の使用済みストッキングなんて、編集の男たちが取り合いしそうだものね。そう、そう、こんな話もあるわ」

今度は私が喋《しゃべ》る番だ。

友人の男性が、麻布のこぢんまりしたレストランに入ろうとすると、どう見てもヤーさん風の男が二人、店の前でうろうろしていた。彼をしきりに睨《にら》む。

何て感じが悪いんだろうと店の中に入ったところ、彼はすべてを了解した。今をときめくアイドルスター、〇〇ちゃんを中心に、若いロックグループの男の子たちが食事をしていたという。目つきの悪い男たちは、プロダクションの連中だったらしい。

やがて〇〇ちゃんは席をたってトイレへ行った。このレストランは男女兼用がひとつあるだけである。彼女が出てきてすぐ、彼はトイレへ行き、小さいほうだったにもかかわらず、便座をおろし、そこに腰かけたという。

「さっきのイヤな感じだった男たちへの仕返しもあったけど、〇〇ちゃんと同じポーズでトイレに座るの、快感だったんですって。まだぬくもりが確かにあったぜえー、なんて、うっとりした顔をしていたけれど」

イヤラしいわねえーっと、私と彼女は同時に叫んだ。

本当にスターといわれる人は大変だ。自分を連想させるもの、思い出させるものは出来る限り排除しなければならないのだ。

私は芸能人でもアイドルでもないが、こんな私でもそなものをねだられることがある。みんな手紙は自筆のものが欲しいというし、ちょっところへ行くとサインを書くこともある。

悪戯《いたずら》電話も多いし、読者ですといって、夜、見知らぬ人から電話がかかってる。

「ちょっとでもいいから、声を聞きたかったんです」

考えてみると、肉筆、肉声という言葉は非常になまなましい文字と声とが、その人のキャラクターを伝えるかよく表している。

その点、ワープロというのは、なんてあっけらかんとしているんだろう。された文字からは、その人の体臭や癖というものがまるでわからない。

私はこれを大層冷たいものと思っていたのだが、最近、裸の肉筆に、着物をかぶせたような安心感があるような気がしてきたのである。もしファクシミリ番号を間違えて、全く見知らぬ人のところへ原稿が行ったとしても、ワープロの文字だったら恥ずかしくはないだろう。

ワープロが若い人たちに浸透していったことのひとつに、便利さや早さもあるが、この「自意識の救い」も大きいに違いない。ワープロで打ったラブレターをファクシミリで送り、もしフラれたとしてもそれほど傷つかないような気がする。肉筆で書いた手紙来る限り排除しなければならないのだ。

私は芸能人でもアイドルでもないが、こんな私でもそのようなものをねだられることがある。みんな手紙は自筆のものが欲しいというし、ちょっとしたところへ行くとサインを書くこともある。

悪戯《いたずら》電話も多いし、読者ですといって、夜、見知らぬ人から電話がかかってくる。

「ちょっとでもいいから、声を聞きたかったんです」

考えてみると、肉筆、肉声という言葉は非常になまなましい。いかに文字と声とが、その人のキャラクターを伝えるかよく表している。

その点、ワープロというのは、なんてあっけらかんとしているんだろうか。プリントされた文字からは、その人の体臭や癖というものがまるでわからない。

私はこれを大層冷たいものと思っていたのだが、最近、裸の肉筆に、着物をかぶせたような安心感があるような気がしてきたのである。もしファクシミリ番号を間違えて、全く見知らぬ人のところへ原稿が行ったとしても、ワープロの文字だったら恥ずかしくはないだろう。

ワープロが若い人たちに浸透していったことのひとつに、便利さや早さもあるが、この「自意識の救い」も大きいに違いない。ワープロで打ったラブレターをファクシミリで送り、もしフラれたとしてもそれほど傷つかないような気がする。肉筆で書いた手紙を、もしまわし読みなどされたら、死んでしまいたいような思いになるが、プリントされた文字には、本物でないもの、あれは冗談だったとすまされるもの、おもちゃじみたものしかないように思う。

もしせっぱつまった状態になったら、

「私が書いたんじゃないもーん、誰かが悪戯でやったのよ」

と逃げればいいのだし。

編集の人から話を聞くと、プロの物書きの中でもワープロを使う人は多いそうだが、小説の場合はほとんど手書きだという。ノンフィクションの方が、はるかに普及率は高いらしい。

どんなにヘタな字でも、それを見るのが限られた編集者だけだった頃、私は肉筆というものに、これほどこだわらなかったはずだ。ところがファクシミリのおかげで、私たちの文字は、無防備に、無差別に、多数の目に触れる。

文明とか進歩というものは、トータルなものなんだなあ。ひとつ使い始めると他もそれに揃えなくては、バランスが取れない。ファクシミリとワープロはお対《つい》になってるんだと、しみじみわかった。

バルセロナの楽しみ

五カ月ぶりのバルセロナは、春の盛りである。うすやわらかな緑が、木々の先をさっとひと刷《は》けして、その美しいこと。街をゆく人たちも上着を脱いでシャツ姿になっている。

ここでは日本人観光客をほとんど見ない。湾岸戦争の影響がまだあることと、春休みとゴールデンウィークとの、ちょうど境い目にあたっているためだが、その少なさは驚くばかりだ。

私のように多少顔を知られている者には、まことに嬉しい。こういう言い方をするといやらしいのであるが、観光地で有名人と出会った人々というのは、それこそ獲物に飛びかかってくるみたいだ。日本の街では節度を持っている人たちも、いったん外に出ると違う。

有名人というのは、旅先でのまさしく戦利品であり、何としてでもその証拠を残さなくてはいけないと思いつめる。

「写真を一緒に撮ってください」

という申し出はとてもかわいい方で、最近はビデオカメラでこちらを追う。写真がナイフだとすれば、ビデオはピストルのようなものだろうか。望遠を使われたら、もう射程距離から逃げられないんだもの。

全く日本人は、カメラとかビデオといった〝飛び道具〟が大好きだものなあ。

街の中心にある大聖堂の中に入る。祈りのためのローソクの赤い火が、非常に幻想的に輝く、ゴシック様式のカテドラルだ。フラッシュ禁止にもかかわらず、白い光が飛ぶ。日本人かと思ってみたら、ブルネットの女の子二人が、マリア像に向けてシャッターを押している。このところ、何か悪さが起こると、すぐにわが同胞ではないかと疑う自分を、ちらっと反省した。

照れ隠しに、こんな話をした。

「旅行会社に勤めてる友だちが言ったことがあるの。アメリカ人とか、ヨーロッパ人もカメラが大好きなんですって。旅行するとものすごくよく写す。だけどね、彼らは対象物に向けてさっと撮る。必ずしも自分たちが入っていなくてもいいのね。でも日本人は決定的に違う。その建物なり景色に、自分たちが写っていなくちゃ絶対にイヤ。そいで友だちを呼ぶ。

『○○ちゃーん、早く、早く』

欧米人みたいに、すみやかに撮ることをしないで、やたら手間がかかってうるさい。だから日本人イコール写真好き、すごく騒がしいっていうイメージが出来上がったんですってね」

「なるほどねえ」

傍にいたスペイン人の女性は、ふうーんと深く頷《うなず》いた。その名もカルメンさんという通訳の彼女は、日本のことなら何でも興味をもって聞くのだ。

「私、日本が大好きなんです。憧《あこが》れの国ですもの」

という言葉は、通訳という仕事をしている人の紋切り型のものだと思われそうだが、彼女の場合はかなり違う。カルメンさんは筋金入りなのだ。

「子どもの時から、日本が好きで好きで、十八歳の時には、日本人の男の人と結婚するんだと決めてました。私の親は、このコは頭がおかしいと言いましたが、本当にそのつもりで、二十歳の時に日本へ行きました」

東京で八年間生活したが、日本人と結婚する夢は果たせない。いい線までいくと、あちらの親が反対したそうだ。

思いあまって占いの人に観てもらったところ、

「もうじき見つかるって言われて。そのすぐ後、アメリカへ行く途中、ハワイへ行きました。そこで夫と出会いました」

待望の日本人と結婚出来たんですと、顔をほころばす彼女は金髪の美人である。いまいちばんの夢は、高倉健がバルセロナに来てくれて彼を通訳案内することなんだそうだ。

やっぱりちょっと変わっている。

非常に茶目っ気がある女性で、いい男に目がないというところでも、私とすっかり気が合ってしまった。

街をぶらぶら歩く。

「ねえ、今のハンサムだったね」

「私も見ました。好みです」

すれ違う男性の品定めをあれこれ日本語でするのは本当に楽しい。『カルメン』の、煙草工場の女たちみたいに私たちは歩いた。

「明日はサッカーの試合があるから、イタリアの男がいっぱいやってきます」

カルメンさんは目を輝かせて言った。

「イタリアのチームと、バルセロナのチームがするから、観客がすごいですよ。街はイタリア人で埋まります。私は日本人の次にイタリアの男性が好き！」

「でもヨーロッパの人たちは、見分けがつきづらいよ、日本人から見ると」

「とんでもない。スペイン人とイタリア人の男は、同じラテン系でもまるっきり違うからよく見ててごらんなさい」

道端のテラスで、エスプレッソをちびりちびり飲みながら観察した。

ものの三分もたたないうちに、私にははっきり見えてきた。

スペイン人はたいてい小柄で、ずんぐりむっくり。まことに日本人男性に似た体型だ。おまけに着ているものも、身のこなしも素朴、悪くいえば野暮ったい。

ゆるやかなパンツに、サングラスをかけているのは例外なくイタリア男であった。髪のかたちや笑い方、大股に歩いていくさまにも〝粋〟がとおっている。

「いやあ、こうして見るとはっきりわかるわ」

「でしょう」

カルメンさんは得意そうに言った。

向こうから派手なシャツの衿《えり》をのぞかせた男たちがやってくる。明るい色の趣味といい、野放図な大きさといい、ヨーロッパの男ではない。

「あれはアメリカ人ね」

「あたりました」

昔、民族の個性は女性の方にはっきり表れると言われた。しかしこの頃は違っているようだ。しゃれっ気のある男とそうでない男たちとの間に、これほど差がつき、違いが出ている。

またそれを女たちが品定めすることを許されるようになった。こんな楽しさ、昔は男の人たちだけが知っていたんだろうな。私とカルメンさんは、今度一緒にイタリア旅行をしようと固く約束した。

「スペイン語とイタリア語は、よく似てるから、だいたい通じますね」

いいよなあ、ヨーロッパの女性は。

ショジョ探し

「おい、ショジョいないかよ。ショジョ！」

突然こんな電話をもらったら、誰だってびっくりするだろう。ショジョが処女だということを理解しても、言葉がしばらく出てこない。

「……何するの……」

「別にオレがどうしようっていうわけじゃないけどさ、『アンアン』恒例の〝セックス特集〟」

「ああ、そういうことね」

彼はそこの編集者である。過去二回ほど「アンアン」はセックス特集をしており、クオリティのあるおしゃれな女性雑誌が、そういうことをしたというので、社会現象のように取沙汰された。事実、この号は爆発的に売れるんだそうだ。

「〝私たちそれでも処女を守ります〟っていう座談会をしたいんだけどさ、これが大変。世の中って本当にショジョがいないんだなあ」

独身の彼は、そこで深いため息をついた。

「たまにいてもさ、ブスばっかり。あんなのが処女を守っていても、シラケるばっかりだよなあ。それでさ、美人で可愛いショジョを紹介してほしいのサ」

「やだァ、そんなこと、どうやって聞くわけ」

「このあいだ、女子大へ通ってる、すっごい美人の子と仲よくなったって言ってただろ」

「ああ、あのコは可愛いのよ。清楚で本当にお嬢さんっていう感じ」

「もうやったかナ」

彼は非常に直接的な質問をした。

「そんなこと聞けるわけないでしょう。知り合った女の子に、あなたそうですか、なんて聞けるう？　ただ、恋人はいないって言ってたけど……」

しかし、電話をする勇気がなかったので後々まで恨まれた。

「あんたが探してくれなかったから大変だったんだよ。世の中、ショジョなんていないぜ。オレ、なんだか女が信じられなくなってきた」

スタッフで八方手分けをして、なんとか人数を確保したという。最後の一人が見つかったのは、座談会の朝だったそうだ。

「だけど今度のは、すごく売れると思うよ。なんたってこれ、見てみい」

早刷りの〝セックス特集〟を見せてくれたのであるが、「ヒエーッ」と私は思わず叫んでしまった。

今や人気絶頂、元シブがき隊のモッくんのヌードである。今まで男の人はヌードといっても、例の法律があるわが国では、上半身のみとされていた。それがなんと腰の下まで写している。前向きと横向き、黒々としたヘアがはっきり見えるではないか。カメラはやはり篠山紀信氏。

モッくんのからだは文句のつけようもないくらい綺麗だし、モノクロの写真も美しいが、やはりど肝を抜かれるではないか。モッくんの意外にも（そうでもないか）毛深い下腹部の繁みは、あきらかにさまざまな既成のものに挑戦するように、雄々しく渦巻いている。

年増の私は驚き、そして次に感心した。マスコミ業界に食べさせてもらっている私にははっきりわかるのだ。

こういうことを「アンアン」が真先にやるのは、なんてカッコいいんだろう。おそらく、これほど堂々と男性のヘアを普通の女性雑誌が載せたのは「アンアン」が初めてのはずだ。「微笑」や「ポップティーン」だったら、事態は違ってくる。ファッショナブルな雑誌が、一流のタレントと写真家を使ったところに意義がある。汚ならしくも、スキャンダルにもなりかねないところを「おしゃれ」という絶対的価値でねじふせてしまったのだ。

写真もすごいが、その傍のコピーも、実に目を見張るものであった。一度読んだだけなので、すべて正確ではないかもしれないが、

「愛《いと》しむのではなく、その体の隅々まで征服したいと思う。女のその思いは、男の女を犯したいという欲望よりはるかに大きい」

というやつだ。もう世の中、女が男を征服しようとしているらしい。今まで精神的にはかなり進んでいたが、ついに体まで来たかあ。そして征服したい女たちは、おばさんでも、くたびれた人妻でもなく、「アンアン」を読んでいる女の子たちなのだ。〝紺ブレ〟でバシッと決めた彼女たちが、楽し気にモッくんのヘアを眺めてると思うと……やっぱり時代は変わったんだなあ。

世の中、ショジョなんかいないはずである。

そんな感慨にふけっていた折も折、面白い記事を見つけた。ある町でミス○○を決めたところ、控え室で煙草を吸っていたのがわかり、ミスをはずされたというのだ。今どき煙草ぐらいで不行跡呼ばわりする主催者側は、もちろんアホである。

しかし、こういうのに応募した女の子は、このくらいのことをわかっていなくてはい

けない。

ミスコンテストの審査員など、もちろん絶対にお断わりしている私であるが、浮世の義理というやつで、遠い過去に二回ほどしている。東北のある市の市民祭に呼ばれた折、ミス○○市を選ぶ審査をしなければならなくなったのだ。他には助役さんとか、観光課のえらい人などがいたと記憶している。

最終審査に残った十人の中に、現代的な非常に綺麗なコがいた。受け答えもハキハキしていて、群を抜いていたと思う。

ところがミスになったのは、

「『チャグチャグ馬っ子保存会』で頑張ってます」

と実際に踊ってみせた平凡な女の子であった。

あのおじさんたちに、モッくんのヘアを見せ、世の中にショジョがいないことを伝えたら、どんな顔をするんだろう。

いやいや、もう彼らには関係ない。ショジョ探しに必死になっていた彼が最後に言った。

「だけどやっぱりショジョは嫌だなあ。めんどうくさいもんな」

こういう男のコたちによって、新しい道徳は生まれていくんだ、きっと。

花の修業

私はこれから京都へ遊びにいくところ。東京駅へ向かう地下鉄の中で、この原稿を書いている。いつものようにあちらから送ろうとのんびり構えていたところ、さっき原稿を取りに来た担当のニシカワさんが、まっ青になった。

なんでも明日から、印刷所のすべての機能がゴールデンウィークでストップするということ、今日の五時までに入れてくれないと、間に合わないというのだ。

それならそうと早く言ってくれればいいのにィ……と、私は例によって彼に責任をなすりつけ、東京駅まで同行してもらうことにした。

最近、私は声を大にして言っているのだが、忙しい、忙しいと目の色を変えて、仕事に明け暮れているのが、売れっ子作家の証のように言われていた時代はとっくに過ぎた。

私の家には毎日どっさりと雑誌が送られてくる。何とはなしに「作家の近況」というのに目をやると、名前を聞いたこともないような人に限って、「〆切り〆切りの毎日です」とか、「相変わらず仕事一辺倒の毎日です」「ねじりハチマキで、机の前で頑張っています」ということをおっしゃる。

自分のことを振り返ると、すごく恥ずかしい。ある集まりに出た時、最近小説を書き始めたとかいう女性タレントの方が、皆でお茶を飲んでいる最中、やおら原稿用紙を取り出して書き出したのを見たことがあった。あの時も恥ずかしかったよなあ……。

村上春樹さんとか、ばななさんのように、一年か二年に一冊、じっくりと書いた本を出して、それがすぐさまベストセラーになる。こういうカッコいい方たちを見ると、このようにペンを走らせる私というのは、なんとみっともないのであろうか……。

いや、いや、そんなことは言っていられない。もうじき下りの新幹線に乗って、私と夫、友人たちは楽しい古都での休暇を過ごすことになっているのだ。皆、舞妓さんを見たことがないというので、私は親しい友人に頼んで、セッティングしてもらうことになっている。舞妓さんというと大層なことに思われるかもしれないが、友人に言わせると、ヘタなクラブへ行くよりずっと安いのだそうだ。

おまけに友人のお父さんやお祖父さんたちがたっぷり遊んでくださっていたおかげで、ボンたちは学割がきくらしい。いつもは彼にご馳走《ちそう》してもらっていたのであるが、今回は私の友人たちをひき連れていく。

おーし、いくらかかるかわからないが、全部引き受けようじゃないか。胸をドーンと叩《たた》いたものの、不安になって私は彼にあれこれ聞いた。

「そういうのはキャッシュで持っていかなきゃいけないの？　でも、いったいいくらぐらいかかるの」

生粋の京都人である彼は、このような場合、決してはっきりと金額は言わない。

「君の名刺で、払えるようにしてあげるしィー」

と言うのみだ。初めての身ゼニを切ってのお茶屋遊び。私はかなりドキドキしているのである。しかしこれがきっかけで、やみつきになったらどうしよう。私はずっと以前から、花柳界といったものに異様な憧れを抱いているのである。

ニューヨークですっかり仲よくなった中村喜春さんが、そんな私を見ておっしゃってくださった。

「今度日本に帰った時に、いっぺん芸者の着物を着せてあげましょう」

「えー？　本当ですか」

さらに私は図々しいことを要求した。

「フツウのじゃイヤッ。ほら、出の衣裳っていうんですか、『赤坂おどり』の時の最後に、みんながずらーっと揃って着ているような黒色のやつ」

「わかりました。鬘《かつら》もちゃんと揃えてあげますよ」

という有難いお言葉である。

私は喜春さんが帰ってくる夏をめざして、私なりに修業をすることにした。

「やっぱり日本舞踊を習っておいた方がいいでしょうか」

手紙を書いたら、

「マリコさんはお茶を習っているとのこと。日本舞踊は必要ないでしょう」

というエアメイルが届いた。

それでもこういうことになると、やけに真面目な私は、『あげまん』のビデオも見た。主人公の芸者修業を熱心に研究した。今度京都へ行くのも、その集大成、なんと『都をどり』を見に行くためなのだ。

『都をどり』は、京都の芸妓さんや、舞妓さんが日頃の芸を披露するものだ。プログラムを見ると、佳つ乃さんの名前もあってすっかり嬉しくなってしまった。

これを見学し、プロの芸に感心し、その後はお茶屋さんで、プロのしぐさをつぶさに見る。なんと素晴らしい勉強であろうか。

心配なことは、芸者となった私の、誰がお座敷を引き受けてくれるのだろうかということである。しかし編集部に頼み込めば、「週刊文春様御席」のひとつもつくってくれるかもしれない。

おまけにニューヨークから、すごい知らせも届いた。あちらでよくお世話になる航空会社の方が、その頃来日するという。

「マリコさんの水揚げは、僕が引き受けましょう」

とおっしゃってくださったのである。もちろん人妻になった私には無縁の話であるが、喜ばせようというその心根が嬉しいではないか。

そして、今回京都で読むつもりの本の中には、花柳章太郎の伝記が入っている。言わずとしれた新派の名俳優だ。彼が女になりきろうと努力している様子は、きっと私の参考になるに違いない。

それにしても、こんなことばっかりしているのだから、忙しくて忙しくて仕方ないはずである。

作家というのは案外、執筆のみで忙しいわけではない。好奇心のおもむくまま、あちこちに手を出す。

そして非常に困ったことに、私はこういう生活が、そんなに嫌いじゃないのである。

ところで当夜、お座敷をかけてくれる方を募集していますので、よろしく。

初めてのゴールデンウィーク

いやあゴールデンウィークは楽しかったなあ。

京都へ行き『都をどり』を見た後は、なんとお茶屋遊び。舞妓さんが四人も来てくれたと自慢すると、たいていの人がど肝を抜かれるのであるが、タネを明かすと舞妓のタマゴちゃん、来月から本物の舞妓になるという仕込みさんたちだ。

といっても、だらりの帯に、ぴらぴらの花簪《はなかんざし》は同じ。違っているのは京紅を上下につけないで、下唇にだけつけていることであろうか。

ゴールデンウィークで、花街のお客さまも多く、希少価値の舞妓さんたちは払底している。本当は私たちの座敷になどまわってくれないのであるが、それでは気の毒だと、お茶屋のおかみさんがタマゴちゃんたちをまわしてくれたのだ。

みんな十六歳とか十七歳。お肌がピチピチしすぎていて、まだ白粉《おしろい》がよくのっていないのも初々しい女の子たちだ。

例の「祇園小唄」を一生懸命踊ってくれたのであるが、正直いってあまりうまくない。まだほんの子どもで、キャッキャ騒いでいるさまは、四匹の仔猫がじゃれているようだ。本当に可愛いったらありゃしない。

そこらの女子高校生が四人じゃれあっていても、汗くさくてこうるさいだけだが、豪華な着物をまとい、重たげに髪を結った少女たちが笑いさざめいている様子はまさに日本画の世界で、見る人に幸福感をあたえてくれる。

夫をはじめ、同行の男友だちも、目尻をでれーっと下げてそれに見入っていた。

ややあって、本物の舞妓さんが登場。こちらは舞妓になって一年だということだが、〝臈《ろう》たけた〟という表現がぴったりだ。きめの細かい肌に、真白い厚塗りの化粧がよく似合う。

「舞妓を一年やると、こんなふうに白粉がぴったりのるようになりますんや」

地方《じかた》のお姐さんが言った。

今日の『都をどり』にも出ていたそうで、本当に美人である。既に舞妓さんの権高《けんだか》さもしっかり身につけていて、私のサインや一緒に撮ったポラロイドを手にキャッキャしているタマゴちゃんたちを、軽蔑のまなざしで見つめていた。

が、このプライドの高さも、いかにも京の舞妓さんらしくていい。

とにかく、お茶屋遊びというものに、すっかり興奮してしまった私たちである。表まで舞妓さん五人がおくってくれる。夜の一力茶屋の通りは、そぞろ歩く観光客が何人かいて、舞妓さんの姿を見つけ、カメラ片手に近寄ってきた。

その中で悠然と車に乗り込む私たち。いやあ、いい気分。お大尽遊びというのは、こういうことをいうのであろうか。私が男だったら、きっと病みつきになっていたに違いない。

「生きていてよかった……」

友人のひとりがタクシーの中でつぶやき、他の三人も頷《うなず》いた。が、分別のある一人が、

「こんなことは一生に一度だろうなあ、一生に一度だから、こんなに楽しいんだろうなあ」

と言い、一同また頷いた。

次の日は、宝塚まで行き『ベルサイユのばら』を見るという、華やかで楽しいゴールデンウィーク前半が終わり、今度は地味な田舎での後半戦である。

郷里の家は、休みともなるとまるで民宿のようなにぎやかさだ。私たちと弟夫婦が帰ってくると、親戚の者たちも子どもを連れて遊びにくる。

まごまごしていると、子どもたちのトランプにつき合わされるはめになるので、私は

友人のところへ遊びに出かけることにした。葡萄園《ぶどうえん》を経営している同級生のところへ行き、彼が釣ったヤマメの天ぷらをどっさりご馳走になる。

実家に二泊し、さんざん寝て食べて帰ってきても、ゴールデンウィークはまだ一日残っている。そこで私は仲よしの担当編集者の〝家庭訪問〟をすることにした。このあいだは文藝春秋社一のお坊ちゃま度を誇る、カシワバラ青年のところに行ってきたばかりでもある。カシワバラ青年の家は、本郷西片町の古い豪邸。かの桐島かれんさんのグラビア撮影にも使ったところだという。

現在の担当編集者ニシカワ青年が、

「今度はうちに来てください」

と誘ってくださったので、すっかりお言葉に甘えることにした。道の途中まで彼は迎えに来てくれる。自転車の前には二歳の坊やがちょこんと乗っていて、私はふうーんと感心してしまった。

美青年の誉れ高く、学生にしかみえない彼であるが、やはり人の親であったのだ。自分の目で見るまでは、なにか疑わしかったが、やはりそうであったのだ……。

奥さん手づくりの昼食をいただきながらの〝家庭訪問〟。

「主人は帰りが遅いので、ほとんど母子家庭です」

奥さんがおっしゃって、私は深くうなだれる。その原因の一端は私にもあるのだ。原稿が遅く、彼をいつも会社にしばりつけてしまう。

編集者の妻と子を泣かさないためにも、これからは原稿は早めに書く。

こう決心しただけでも、〝家庭訪問〟の意義はあったのではないだろうか。

それにしても本当に長い休暇だったよなあ。あちこち遊びに出かけ、最後は近郊で締めたが、大きな充実感があった。

日本人が働きすぎというのは最近は違うような気がする。なんだかんだで、夏休みの前に十日間も休む国民が他にいるだろうか。

湾岸戦争が終わったとたん、アメリカは馬鹿な国だと言い出す人がいる。日本がなにやら自信を持って、そして奇妙な落ち着きをとり戻しての初めての連休。

そらおそろしいほどきらびやかで、たっぷりしていた連休。

少なくとも私は変わった。もうお金はそんなにいらないから、もっと遊ぶ時間が欲しい。仕事や連載をもっともっと減らしたいと考えている。もう残り時間は半分ちょっとなんだからうんと遊ぼうという考えは、中年に近づいた人のものだ。

この国は何年か前から中年だったが、どうやら私もそうらしい。

わかった、このゴールデンウィークは、中年になっての初めてのそれだったんだ。

こんなバブル

何が腹が立つといっても、若い女性の〝痩《や》せたい願望〟ほど腹の立つものはない。全くその必要がないコに限って、

「私、あと三キロどうにかしたい」

「もォー、私ってデブだから」

としじゅう喋くっている。

昨年から私の秘書をしてくれているハタケヤマ嬢は、ほっそりした美人なのであるが、この頃ダイエット、ダイエットと騒ぎ出した。

「あなたのどこが痩せる必要があるっていうわけ」

私が睨むように言うと、彼女はお腹のへんを押さえ、せつなげに言う。

「私、見えないところが、すごおく太っているんです」

見えないところなら、何の文句があろうか。世の中には、見えるところにいっぱいお肉がついている人がいるのだ。

彼女は私と摂《と》る昼食も、ほんのちょっぴりしか食べない。可哀相なので私もつき合ってあげることにする。

とにかく二人で夏に向けて頑張っていることを話したら、友人がプレゼントをくれた。雑誌で美容担当の編集者をしている彼女は、各会社からいつも美容やダイエット食の新製品をもらうそうだ。それをさっそく宅配便で送ってくれたのである。

もらったダンボールはそれこそ宝の山。私もその方面の知識に精通していると思っていたが、目新しいものがいっぱいだ。お風呂の中でウエストに塗ってマッサージするクリームもあれば、ビタミンと食物繊維の宇宙食のようなものもある。

中でも目をひいたのは、お湯を注ぐだけのカップヌードルならぬ、カップコンニャクであろうか。コンニャク麺というのは前からあったが、さらに進んで焼きソバ風やスパゲティナポリタン風のものが発泡スチロールに入り、お湯を注ぐだけで出来上がり。これはなんと二カロリー！　大喜びで〝からし明太子味ナポリタン〟というものを食べたが、その不味《まず》さに途中で箸《はし》を置いた。

ハタケヤマ嬢は、ソース焼きソバに挑戦したが、秋田出身のつつましい彼女をして、

「これ、捨ててもいいですか」

と言わしめたシロモノだ。

いくら痩せるための食べ物といっても、この不味さというのは犯罪的ではないだろうか。一二五カロリーのカレーも口にしたが、本当にみじめな気分になった。こんな貧弱なダイエット食というのに、どれも相当の値段である。ふつうのカップヌードルなら三個買えるから腹が立つ。

人の足元を見て、こういうアコギな商売をして……と私は怒った。痩せる、綺麗になる、というキャッチフレーズを掲げて、いろんな人がボロ儲けをやっているが、今に天罰が下るぞと、その時つぶやいたのであるが、そのとおりのことが起こった。しかも私の家の真前である。

私の住むマンションの向かいに、ある日キンキラキンのメタリックビルが建ち、その中にスポーツクラブが出来たのは、もうかなり前のことだ。しかし営業不振から閉鎖になり、替わって入店したのが青山に本店がある有名な某エステティック・クラブである。流水プールや小さなジムはそのままにして、ボディマッサージやエステティック中心のサロンをつくった。ここにハタケヤマ嬢は入りたいというのである。

家の真前にあるなら、サボることもないだろう。二人なら励まし合って毎日頑張れるかもしれない。

思えば私のところは、ささやかな個人家内業だ。福利厚生といったものが何もない。

法人で入ったら、ハタケヤマ嬢もさぞかし喜ぶかもしれない。

私はサロンからA君に来てもらった。彼は以前のスポーツクラブ時代から勤めているインストラクターである。偶然にも私の卒業した山梨の高校の後輩であった。彼にいろいろ話を聞こうとしたら、やけに奥歯にモノのはさまった言い方をする。

「あのぉ、このサロン、お薦めした半年前より入会金がものすごく上がって、それに還付金もありませんよ」

だけどハヤシさんなら向かいに住んでいるし、前に勧誘したこともあるから、もしかすると値引きするかもしれない。だけどぉやっぱり高いしぃ……などと口ごもりながら彼が帰った後、私たちは相談を重ねた。あまりにも値上げがすごい。以前の倍ぐらいになっているのだ。しかしドア・ツウ・ドアで四十秒という利点は捨てがたい。この時私たちの脳裏には、ジムで汗を流し、またたく間にスリムになっていく自分の姿がうかんでいたはずだ。

次の日、私は道路を渡ってサロンへ行った。金持ちの奥さん連中のためにつくられているから、ロビーは、アール・デコっぽいインテリアでなんだか気恥ずかしい。

やけに馴れ馴れしい女が出て来て、入会の説明をしてくれる。

「ハヤシさんの場合、ちょっとお安くしておきますので、法人は二名さま記入式、それから入会金は明日キャッシュで持ってきてください」

キャッシュといってもかなりの大金である。わかりましたと言って帰ってきたものの、どうも腑《ふ》に落ちない。その夜一緒に食事をした友人も夫も、おかしい、おかしいと言う。結局断わって気まずい思いをしたのであるが、二週間後、サロンの入口には貼り紙があった。

閉鎖する旨と、弁護士、管財人の名前である。

なるほどキャッシュで持ってこいと言うわけだ。あの時素直に従っていたら、私は百八十万という大金をドブに捨ててしまうところであった。まさに難を逃れるという感じだ。

それにしても倒産したサロンは、昔からあるエステティックである。一時期は広告も派手にして、大変な羽ぶりであった。社長だった女性はマスコミにもよく登場し、一時期はエステティック界の女王のようにうたわれていたこともある。

こういうのも「バブルがはじけた」というのではないだろうか。女の世界には女のバブルがあり、マスコミには喧伝されないが、自然淘汰を繰り返している。

普通の人々

物書きというのは、自分の読者がどれほど良質か、よく同業者同士で自慢し合う。私もこれについては、いろんなことを言いたいのであるが、エラそうに思われるので黙っていることにしよう。けれども、私の読者から送られてくる手紙の面白さというのはちょっと披露してみたいような気もする。

彼女は結婚三年の主婦なんだそうだ。

「マリコさん、私もマリコさんと同じお見合い結婚です。

お見合い結婚っていうのはいいですよね。まず最大の利点は、あんまり好き合って結婚したように思われない（本当は熱々だったとしても）ので、夫のお母さんからの嫉妬をうけないということです。ちなみに私はお姑《しゅうとめ》さんからとても大事にされていま

す」

その他のいいこととしては、親が納得済みの結婚なので、何かあったら責任をとってもらえる、愚痴も聞いてもらえると、彼女は挙げている。

手紙を全部公表出来ないのは残念なのだが、このシニカルなユーモアというのははかなりのものだと私は思った。

東北に住む普通の女性が書く文章に、声をたてて笑っていた私である。

私はいつもいろんな人から、いろんなことを教えてもらう。それはユーモラスなことばかりではない。

おとといのこと、女友だちとうちの近くのバーに入った。そこには白髪の、酸《す》いも甘いも嚙《か》み分けた風の、ちょっとイカす店長がいる。

「このあいだも思ったんだけど、あの店長って、昔私がよく行っていた銀座の店に居た人とそっくりなのよね」

私は近くに来た彼に尋ねてみた。

「失礼ですけど、銀座の○○っていうところにいらっしゃいましたか。私の友だちが前に会ったことがあるっていうんですけど」

「はい、憶えていますとも」

彼は頷いた。

「よくあの頃、ご主人さまといらっしゃいましたね。確か奥さまの方が、ご主人よりずっとお酒がお強かった……ご主人はお元気ですか」

「あのご主人さまとは別れて、今は別のご主人さまがいます」

おどけて答える友人であったが、店長が立ち去った後、しみじみと言った。

「あの頃、週に二回は銀座で待ち合わせて夫と一緒に飲みに行ったのよね。もう十年も前のことになるけどさ」

開けっぴろげでドライな彼女の目がうるんでいる。

「あなたも憶えとくといいわ。昔の男のことはすぐに忘れても、昔の夫のことは忘れられないもんよ。それが夫婦なのよねえ」

昔の夫など存在しない私であるが、なんだかわかるような気がした。

田舎に住んでいる私の読者、そして普通のＯＬをしている私の友人たちから漏れる言葉の中には、時々すごい真実やおかしみが含まれていて、私は畏怖の念にうたれるのである。

「この世の中には、あなどれない人たちがいっぱいいる」

いや、いっぱいいるのではなくすべてそうなのだ。この世に普通の人とか、平凡な人など一人もいない。みんな特異なキャラクターを持って生きている。最近私はそう考えるようになっているのだ。

そこへいくと、ちょっと有名だったり、ちょっと変わった仕事をしている人間（特に女）というのは、驚くほど強い選良意識を持っていてヘキエキすることがある。

別に悪口を言うつもりはないが、先日私は某有名女性クリエーター（職業を言うと誰だかわかるから言わない）と対談をした。彼女とは初対面であったが、十分も話して私とは気が合わないと思った。

「私ってねえ」

「私がねえー」

の連発なのである。私もこのタイプではあるが、対談の場合はどっちがホステスか見定めて、ウケにまわることも多い。

彼女はホステス役だったにもかかわらず、たどたどしい喋り方で、自分がいかにドジでユニークかを次々と持ち出す。

「私ってそんなわけで、子どもの頃からすっごく変わってるっていわれてたのよォ。ハヤシさんもさぞかし、みんなから変わってるって言われてたでしょう」

「いいえ、そんなことはありません」

私はきっぱりと言った。

「私はすごく普通の人間です。前からそうだったし、これからもそうだと思います」

相手は完全にシラけてしまい、その対談は失敗したものとなった。

この話をすると、まわりの人は私のことを本当に大人気ないという。だけどそうじゃない。

「私って変わってるんですう」

っていうのは、私って美人っていわれてるんですぅーなどと自画自賛しているようなものではないだろうか。

そう、私はさまざまな有名人に会ってきた。芸術家もいたし、芸能人もいた。

その時に、

「この人、普通じゃないなあ、変わってるわあ」

と思ったことは全くといっていいほどない。アイドルたちはたいてい涙ぐましいほど礼儀正しいし、中年でスターといわれる人は、それなりの気くばりが身についている。コメディアンといわれる人はもの静かで、ストイックな雰囲気さえあった。

それにしても、普通の女の人が、こんなに面白いことを考えたり、言ったり、書いたりする時代、我々プロというのもよっぽどハチマキをねじり直さなくてはならない。ボーダーレスといって感心するばかりでは、プロとして書かせてもらっている値打ちはないはずだ。

しかし普通の人たちのいいところは、面白いことをぼんやりと言うところだ。それがどんなに価値があることかよくわかっていない。

そのたびに私は、「あ、これ、なんかに使わせてもらおう」とばかりに飛びつくのだ。

だから私の友だちは普通の人ばかり。同業者とつき合うなんて、ネタの共喰いといった感じで怖くて出来やしない。普通の友だちに、普通の夫、私は昔からこの主義である。

女の中洲

博多と札幌。この二つの都市のどちらかへ出張に行けと言われて、嫌がる人はまずいないと思う。

大きな盛り場があって、夜遅くまで楽しめる。おいしい食べ物はどっさりでしかも安い。女の私には関係ないが、女性が綺麗なうえに気だてがよい……。

などと幾つも挙げることが出来る。しかも東京と違って、これらの美点が非常にコンパクトにまとめられていることも地方の大都市のいいところだろう。

だから私はどんなに忙しくても、このどちらかの都市で仕事があると、どうしてもノーと言えないのだ。

何カ月か前、奥谷禮子さんから電話がかかってきた。奥谷さんは人材派遣会社を経営している。日本でこの職業を確立させた人だといってもいい。

経済同友会のメンバーで、世間ではとてもやり手の女性実業家と思われているのであるが、どこかとぼけたところがある愛らしい女性である。

お茶の道では私の姉弟子にあたり、いろいろ頭が上がらない。その彼女が今度博多に支社を開設するというので、記念シンポジウムに出席するようにという電話であった。

「終わった後は、みんなでおいしいお魚でも食べましょうよ。AさんとBさんも呼んであるのよ」

二人とも仲よしの女性である。いつもの仲間で博多で食べ飲み歌う。なんて素晴らしい計画なのだろうと、私は快諾したものである。

指折り数えて、と言うと大げさであるが、一泊の仕事も久しぶりだし、楽しみにして着ていくものをあれこれ考えた。

その日、私たち四人は博多のホテルでシンポジウムを開いた。女性が千二百人も集まる大盛況で、大変な熱気である。

女性にとってサクセスとは何か、仕事とは何かということをテーマに、二時間たっぷりと話し合い、その後は地元のテレビ局のインタビュー。終わったのは夜の九時を過ぎていた。

本来なら閉店している時間なのであるが、有名料亭で食事をとる。

「〇〇さん（こちらのうんとえらい人）に頼んで、特別に開けてもらったのよ」

と奥谷さんは言い、私たちは彼女の力に賞賛を惜しまなかったものである。次々と運ばれる九州名産の料理はどれもおいしく、地酒をみんな冷《ひや》でぐいぐいいただく。しかし何といっても、やはり女性経営者である。この後のセッティングが、何もしてなかったのである。

「ホテルのバーで飲みましょうか」

「そんなの、つまんなァい」

私たちは一斉に文句を言った。

「せっかく博多へ来たのよ。中洲《なかす》で飲みましょうよ、奥谷さん、どっか店を知らないの？」

「おじさんたちに連れてってもらう店はいくつかあるけど、どこにあるのか知らないし……、ハヤシさんは？」

「私もこのあいだ来た時、すんごい高級クラブに案内してもらったけど、何ていう名前かも忘れた」

私たち四人は顔を見合わせた。何と皮肉なことだろう。さっきまで、

「女も男と同じような責任と気概をもたなきゃ、これからの世の中をわたっていけない」

などということをさんざん喋っていた私なのだが、いざ飲むとなると自分たちだけで

はどこへも行けないのだ。すべての店は男の人のいきつけで、そこへ私たちは案内され、少しばかり席を譲ってもらったにすぎない。

「女っていざとなると、何にも出来ないもんね」

「おじさんたちに連れていってもらわなきゃ、飲むところへ行けないなんて残念」

しかし、このままホテルへ帰るのは口惜《くや》しい。一人がタクシーの運転手さんに話しかけた。

「ねぇ、私たち今日東京から来たんですけど、女だけでも入れる店、知らない？」

「そうだなあ……」

まだ若くて男前の（バックミラーでしっかり見た）運転手さんはしばらく考えて言った。

「僕は行ったことがないけど、いつも無線で送り迎えに使ってくれるママさんがいる。その店へ行ったらどうかな」

運転手さんが前につけてくれた店に入っていくと、かなり高級の会員制クラブである。私たちはしばらくもじもじしていたが、一人が勇気を出して中へ入っていき、ママさんらしき人を連れてくる。

「あの、私たち運転手さんから教えてもらったんですけど、女だけでも飲ませてもらえませんか」

これはある種の賭けではないかと思った。女が女たちをどこまで受け入れてくれるかという問題だと、フェミニズムの女性なら言うかもしれない。ママさんはかなり驚いた様子で私たちを見た。

「ここは会員制なんです。もうひとつ姉妹店があるから、そこならご案内出来ます。スナックですけど、よろしいですか」

スナックといっても、東京でいうバーである。そこのママと若い女の子が二人ついてくれる。私たちはカラオケでおおいに盛り上がったが、すぐに午前一時になった。閉店の時刻である。

私は姉妹店のママの案内で、カラオケスナックへ行き、そこでボトルを入れた。この頃から飲むピッチが早くなってきたからである。ここで本格的に歌う。

「楽しいわね。女だけでもやろうと思えばこれだけのことが出来るのね」

「楽しいね。男の人の気持ちがわかるわ」

最後はバーのママとホステスさん、カラオケスナックのママも入れて六人で長浜の屋台へラーメンを食べに行く。二人のママは自分たちが離婚経験者だと、ビールをあおりながら言った。

「あら、私たちだってみんなそうよ」

こちら側も私を除いてみんなバツイチであった。

「まあ、いろんなことがあったけど、今は子どもが大きくなるのだけが楽しみ」

「私もそうよ、子どもはいいわよね」

「男はもういらないけどさ」

「あ、そんなこと言っちゃダメ」

最後は女だけのしんみりとした会話になった博多の夜であった。

ママたちを連れてラーメン食べに行くことは出来ても、ここまでは男の人たちは無理だろうなあと、しみじみ思った私である。女の方がその気になると深く遊べる。絶対にそうだ。

青天の霹靂

　上原謙さんの離婚騒動は、どんどん嫌な方向へ行くようだ。この騒ぎが始まってから毎朝早起きしてワイドショーを見ている私だが、この数日の報道の仕方はひどい。

「前妻の大林雅美さんはいったいどんな生いたちの女性だったのでしょうか。それでは彼女のたどった人生をみてみましょう」

　画面には北海道の寒村が映し出されている。なんとリポーターは、彼女の生まれた土地に行き、幼年時代を探ろうとしているのだ。

　まあ、なんということだろう。これでは希代の犯罪者のような扱いではないか。テレビはいかにも貧し気な風景を撮り、彼女がどのようにして水商売へ入っていったかを説明する。

　何日かしたら、今度は雅美さんの過去を知る夫婦が登場。彼女がいかにがめつくて意地悪だったかを延々と話す。

確かにあの女性は愚かで、しかもしたたかなところがあるけれど、テレビのこの異常なやり方ときたらどうだ。私がいつも見ているのはフジテレビであるが、他のテレビも似たようなものだと友人は言う。

「加山雄三が圧力かけて、ああいうことをやらせてるんじゃないかしら」

全く普通の主婦の何人かも同じようなことを口にする。芸能界に何の知識も持っていない人たちも、大層おかしいことだと感じているようだ。

私は加山雄三さんという方を知らないし、そんなことをする人だとは思っていないが、この一週間の雅美さんに対する攻撃は、ちょっと常軌を逸している。いまいちばん驚いているのは雅美さんだろう。後先考えずに爆弾発言をした。これで憎い加山夫婦はめちゃくちゃになるはずだったのに、矛先はこちらの方に向けられたのだ。自分は父親の夫人だから手加減してくれると思って安心していたら、愛人がいるだの、金に汚ないだの、まあ言いたい放題。あれよあれよという間に大変な悪女に仕立てられてしまったのだ。

私は別に雅美さんという人の味方をしているわけではないが、誰にだって仲の悪い人間というのがいる。どうしても気が合わず、たえずいがみ合っている人間がいる。ところがテレビに出てペラペラ喋っているのは、よくも集めてきたと思うほど仲の悪い人間ばかり。

おそらく雅美さんは唖然としているに違いない。組織の大きさや怖さを初めて知っただろう。ひとつの事実が、まるでポケットのように裏返って、全く別の顔を見せることに驚いているだろう。

加山さんは大スターだ。テレビ局にとってとても大切な人だ、ということを雅美さんは忘れていたようだ。最初は面白がっていても、テレビ局はやはりあちらの気を損じないようにするだろう。

雅美さんはどう考えても分が悪い。だがそれだけのことをしてしまったからなァ。加山雄三さんは大変なイメージダウンだと皆が言っている。今度は加山さん寄りの発言になるかもしれないが、自分の夫婦別れのことで言われるならともかく、お父さんのことであれこれ言われちゃたまらないだろうなァ。自分の守備範囲以外のところで、何か大事件が起きる。これが「青天の霹靂《へきれき》」というやつであろう。名前が知られている人は、とにかく油断が出来ないのだ。いつどこでドカンとやられるかわからない。

肉親にも注意しなくちゃなあと、私はいろんな顔を思いうかべる。両親はもう年をくっていて、間違っても何か事件を起こす元気はない。弟はごく普通の勤め人。親戚の若い者の中に、ちょっと悪戯《いたずら》好きなのがいるが、だいそれたことは出来ないだろう。

この私も最近はおとなしく真面目にやっている。テレビにもいっさい出ないで、ひたすら地味な存在になれるように努力しているのだ。ところが電車に乗ると中吊り広告、新聞を広げると雑誌の広告に名前が大きく出ていることがあり、ガツンとパンチをくらったような気分になる。

「私なんか、なんにも悪いことしてないのに」

加山さんもおそらく同じお気持ちだったのではないだろうか。

ところで、「青天の霹靂」という言葉を、こんなふうに使うのを許してもらうとすると、雲仙の方たちはなんて気の毒なんだろう。

日焼けした農家の人たちの顔は、私たちの知らない、いやもしかしたらずっと以前知っていたかもしれない日本の顔だ。バブルだの株だの騒いでいても、日本はこういう人たちによって支えられているというような、いい顔をしている。

テレビはあの悲劇の日の直前、畑に出て煙草の育ち方を案じている人にインタビューしていた。

「この土地はオレたちの命だから」

いつ灰の下に埋まるかもしれない作物をそれでもぎりぎりまで育てようとするなんて本当にすごい。そういう人たちが何よりも畏怖し、作物づくりのパートナーと考えていた自然。その自然が突然牙をむいてかかってきたのだ。

けれども自然のことだからと怒りのもっていき場のない人たち。暑苦しい体育館で心細げに寄りそっている。

全くなんとかならないものだろうか。雲仙から離れたところにもホテルはあるはずだ。この季節は観光客もそう多くないだろう。全館貸し切ってふかふかのベッドとお風呂をどうして提供出来ないんだろうか。お金の問題があるのなら後に寄付を募ればいい。微力ながら私もきっとお手伝い出来るだろう。

それにしてもテレビに映る農家の人は、とてもお気の毒だけれど、同時に尊敬の念がわくのは本当だ。こんなに素朴で、しかも崇高な顔をしていた人たちが日本にはいるのだという驚きもある。

離婚がどうした、こうしたというけたたましいコーナーの後、雲仙の人たちが映ると私は胸がいっぱいになる。文字どおりこんな「青天の霹靂」というのがあるのだ。いつもは災害地の様子をテレビで見ても、普通の感想しか持たない私なのに、どうして雲仙のことになると激しく胸がかきむしられるのか。

ある日突然、山が火を噴いて、どろどろした火砕流が緑の山を越えて襲ってくる。日常生活の中で、これほどおっかないことがあるのだろうかと本気で思うからだ。

ビデオの過去

宮崎緑さんの離婚騒動は、全く他人《ひと》ごとじゃない。

これは私がもうじき離婚する予定がある、というわけではなく、嫌な言い方であるが有名人のひとりとしての同情である。

テレビの画面には、にこやかな宮崎さんが映し出されている。離婚記者会見はなさらないようだから、嬉しさに溢《あふ》れている顔は、三年前の婚約記者会見と挙式当日のビデオである。

「彼が私の両親のところに来て、絶対に幸福にするって言ってくれました。そうしたら父が、もし娘を不幸にするようなことをしたら、刃物で刺し違える覚悟だって言って、すごい迫力でした」

このセリフはおめでたい時は、それなりに聞けるのだが、今となると相当におっかない。

ニュースキャスターの男性は、

「こういう時はうかつなことを言わない方がいいですね」

と思わず漏らしていた。しかし誰が離婚するつもりで結婚するだろう。婚約の時は嬉しくてはしゃいでしまうし、マイクをつきつけられれば、ペラペラのろけることもあるはずだ。それを誰が責めることが出来よう。いけないのはビデオの存在なのである。いったいいつ頃からかわからないが、テレビのワイドショーにはおかしな風習が出来た。何か事件が起きると、それと正反対のビデオを流すのだ。つまり離婚の時は、挙式当日のビデオ。葬式の時は、元気なありし日の姿。この場合、後者は仕方ないとしても、離婚と挙式の顔を同時に見せようとする意図はかなり意地悪なものがある。

私なんか調子にのって、さぞかし喋りまくっているだろうし、ウェディング姿もいっぱいいろんなテレビ局に撮られている。離婚した暁には、さぞかしたっぷり流れることであろう。

宮崎さんのことが他人ごとじゃないと、つくづく思う。それどころか、背筋が寒くなるような怖ささえ感じた。

週刊誌やテレビのタイトルに「やっぱり！」という副詞を、いっぱいつけられそう。

私は朝食のトーストを齧《かじ》るのも忘れ、ワイドショーの画面に見入っていた。折しも夫は体調が悪く食欲がないそうだ。死ぬんじゃないだろうかとか、いい人生じゃなかったとか、ひとり隣りの席でぶつぶつつぶやいている。私は言った。

「ねえ、私思うの。離婚っていうことになったらきっと私が悪いってことになるはずよ。でもあなたに病死でもされると、私の男運が悪いってことになる。いずれにしても私が悪く言われるんだから、私、現状維持でいいわ」

全く私をこれほどおびえさせるものは、やはりビデオの存在である。ビデオはすごい。このおかげでワイドショーの人間模様はなんと奥深いものになったであろうか（他にも効用はあるだろうが）。

大活躍中の、若花田、貴花田の幼少の頃も再現出来る。偶然現役時代のパパを撮った時、一緒にインタビューを受けているのだ。やたらはしゃいでいるデブの子どもたちだ。

加山ファミリーの幸せな頃もしっかりと見られる。伊勢ケ浜親方も結婚式の時は、あの奥さんとにっこり笑っている。

ビデオによって「対比」という最も劇的なものが私たちの前に映し出されるのだ。人の心は変わる。顔だって変わるし、着ている服も、その時した発言だって変わる。

普通の人ならば、「言った憶えないよ」ですまされるのであるが、ちょっと名前と顔が知られていると、そういうことがすべて暴かれる。ビデオによって、テレビは〝お白《しら》州《す》〟となるようなのだ。

遠山の金さんが、

「この背中の桜吹雪が目に入らねえか」

と言ったように、ビデオが流れ始めるともう言い訳はきかない。本当につらいことになる。男女が別れた、どうしたということならまだしも、先日のなべおさみさんのような場合は、見ているこちらもつらくなる。なにしろ嘘《うそ》を言っている場面と、謝罪している場面とが交互にくるように編集されているのだ。本当にテレビ局も意地の悪いことをする。

しつこいようであるが、普通の人々ならいつか記憶の溝に刻まれる事柄が、有名人の場合、突然フラッシュバックされる。忘れかけていたものを視聴者の頭の中に叩き込むのだ。これがどんなに嫌なことか、やられた者でないとわからない。

人の記憶というのは、対象となるべき人物が一番インパクトのある時点で止まっている、というのが私のかねてからの持論である。つまり何年たとうと、その後どんなものを書いていようと、私は「ルンルン」と歌うようにデビューしたままなのだ。未だに私の似顔絵はショートカットのままで描かれる。先日ある雑誌は十年前のその頃の写真を載せていた。友人は、

「若い写真でいいじゃないの」

と言うけれど、そんなもんじゃない。

どうして人々の記憶や印象というのは堅固なのだろうか。どうして私の努力している方向へいってくれないのか。

私は密かに浅野ゆう子さんを羨《うらや》んでいた。昔ケバい化粧をし、男性雑誌のグラビアにやたら登場していた浅野さんが、今では知的ナチュラル美人の代表。鈴木保奈美ちゃんとかに押され気味だというものの、やはり若い女性の人気ナンバー1だ。

私はどうして浅野ゆう子さんになれないのだろうか。いつまでも「ルンルン」という枕詞をつけられ、デブのショートカット女に描かれるのはまっぴら……と思っていた私であるが、ある日書店に行き、すべてを悟った。

デビュー作の『ルンルンを買っておうちに帰ろう』も、その後のエッセイ集も文庫の棚の中で健在なのだ。そしてこれらの本は確実に版を重ねている。

読者が私を知るきっかけを、私が選ぶことは出来ない。毎月たくさんの人が『ルンルンを――』で、私と出会う。

だから私はいつも十年前に呼び戻される。いつまでたっても若いコミカルで野心的な女の子のままだ。何かというと、いつも「ルンルン」という枕詞がつく。

私の中ではいつもビデオが繰り返されている。

カンヅメ

「ハヤシさん、悪いけどカンヅメになってくれないかしら」

担当の女性編集者がすまなそうに言った。カンヅメになってくれ、と頼まれたといっても、私が我がお肉を有効利用するためにコンビーフになるというわけではない。

これはかなり一般用語となっているが、物書きを一定期間、ホテルか寮に入れ、集中的に書いてもらうというシステムである。

「カンヅメになる」というと、羨《うらや》ましがる人がかなりいる。いかにも作家っぽくてカッコいいというのだ。山の上ホテルなら、なおさらである。

つい先日「デビューの頃」という原稿を書いていたら、初めてのカンヅメのことが懐しく胸に迫ってきた。あの頃から怠け者で〆切りを全く守らなかった私に、編集者が相当怒り始めたあの日。

広告の世界ではちょっと売り出し中といっても、世間的には全く無名の女の子が、ちゃんとした大きな出版社から本を出してもらえるのだ。普通なら喜びいさんで早めに書くだろうが、〆切りを半年過ぎても平然としていたところが、私の今日の姿を何よりも伝えている。

「いったいどうすれば書いてもらえるの」

編集者から詰め寄られた時、とっさに口から出た言葉がこうだった。

「私、文化人のホテル、山の上ホテルっていうところでカンヅメになりたい。あれって作家っぽくて、一度やりたかったんだもん」

編集者は呆れながらも予約の電話をしてくれた。そして振り返ってこう言ったのを、まるで昨日のように憶えている。

「その代わり、宿泊費はハヤシさん持ちだからね」

この時書いた『ルンルンを買っておうちに帰ろう』はとても売れ、私はそれからカンヅメばかりする身の上となった。

出版社の人が十日間とってくれると、後の十日間は自分のお金で居るというふうに、ずるずるとホテル暮らしを長びかせてしまったのだ。

いろんなホテルを使った。当時、私の収入のほとんどは宿泊費になったのではないだろうか。

そのうち猫を飼い始めたり、結婚したりで、カンヅメははっきり拒否するようになった。おまけに経費節約のためだろうか、最近出版社の方も昔のように「ホテルに入ってください」と気軽に言わない。

今回のカンヅメはなんと五年ぶりである。身のまわりのものと資料をまとめて山の上ホテルへ向かう。ものを書く人がこのホテルを好むのは、こぢんまりしていて、きめ細かなサービスをしてくれるからだろう。熱いお湯の入ったポットを何回か持ってきてくれたり、スタンドと机を用意してくれる、ということは他のホテルでもしてくれるが、ここはとても小さなホテルなのが都合いい。真夜中に原稿を書いていても、フロントまですぐだ。たえず目配りをしてくれている。

といっても、久しぶりに来てみると、いろんなところが少しずつ変わっていた。

よくルームサービスで食べた〝手まり鮨〟はメニューから消えていたし、朝食のおかずの塩ジャケは冷たくなっている。昔はジュージュー熱い焼きたての鮭を、ほっぺの赤い女の子が部屋まで運んでくれて、私はとても感激したものだ。

いちいちアラ探しをしながら、私はベッドに横たわる。あーあ、いい気分。夕食の仕度のために大急ぎでスーパーに行くこともなければ、朝食のために早く起きることもない。とにかく仕事のためとはいえ、ひとつのことだけすればいい、ゆったりとした時間が始まるのだ。

カンヅメの不文律のひとつとして、最初の一日は大目に見てもらえるというのがある。まあ、資料をながめたり、鉛筆でも削ってくださいよ、というわけだ。私はさっそくこれを実行した。このところ疲れていたせいか、やたらよく眠れる。ちょっと横になったら、次の日の九時近くまで眠ってしまった。

渡哲也さんがガンらしい。いろいろ大変だなアとじっくりワイドショーを見た後、パラパラ資料をめくっているうちに迎えの車が来た。今日は座談会があるのだ。四谷のホテルで二時間以上もぺちゃくちゃ話し、帰ってくるともう五時近い。ロビーには編集者の方と、ある女性が待っていた。書き下ろしの小説のためにホテルに入っているのだが、資料だけではなく生の話が聞きたいと、専門の方をお呼びしたのだ。その後、別の人にも会って夕食を二回もとった。

明日は朝早く病院へ行く用事があるので、家へ帰って寝る。食べ過ぎで気分が悪い。

次の日、午前中は病院。山の上ホテルへ戻ってから昼食をとる。このホテルはいろいろな出版社が近いので、久しぶりに仲よしの編集者と旧交をあたためたりすることが多い。ぺちゃくちゃお喋りをしていたら、あっという間に二時を過ぎた。部屋に戻ると何枚ものファクシミリが届いている。

いくらカンヅメといっても、レギュラーの仕事をしないわけにはいかない。新聞の連載小説を書き、ファクシミリを頼んだらどっと疲れが出た。

次の日は午後いちばんでうちの近くの美容院へ行き髪をアップにしてもらう。その後着付けの人が来て、単衣《ひとえ》の訪問着を着せてくれる。夕方から対談があるのだが、準備に四時間近くかかってしまった。対談の後は料理屋さんでお食事。終わった時は夜の九時半で、運転手さんに聞かれた。

「どちらへお送りしましょうか」

着物なので自宅へと言い、そのまま泊まってしまう。

最後の日は自宅から、別の場所へ取材に出かける。ホテルへ戻ってみたらまたファクシミリの山だ。

「もう絶体絶命です。間に合いません」

「落ちます、何とかしてください」

何でこんな忙しい時にカンヅメ日を指定したのだろう。ホテルから座談会や対談に出かけただけじゃないか。

とにかく仕事をしなくてはと、よろよろ引き揚げてきたら、ハタケヤマさんが言った。

「ハヤシさん、目がくぼんでげっそりとしてる」

いつもよりずっとせわしい日々を過ごしただけだ。優雅なカンヅメはどこへ消えちゃったんだろう。

着物狂い

着物が面白い、これからは着物にしようかしらと言った時、私は多くの人々から忠告されたものである。

アレはやめた方がいいよ。いったんアレにはまると、お金がかかってかかって仕方ないから。

発端は中野翠さんのひと言であった、

「銀座にすごく素敵な呉服屋さんがあるんだけど、どうしても入っていく勇気がなくて」

「わかる、わかる。私もこのあいだホテルの展示会をちょっとのぞこうと思ったら、招待状のない方はダメですって、ケンもホロロの態度なのよ」

「なんだかアッチの世界って、秘境っぽいわね」

中野さんは言い、二人でその秘境に探険に出かけることにした。ショーウインドウに顔をくっつけてあれこれ見ていたら、中から年配の店員さんが出てきた。

「どうぞ中に入ってゆっくりご覧くださいませ」

おいしいお茶とお菓子を出してくださり、私と中野さんはうんと安い小紋を一反ずつ買った。それがそもそもの始まりであった。今から五年前のことである。

最初は安い小紋や紬《つむぎ》をこわごわいじっていた私であるが、やがて畳の上に乗っかっている訪問着関係に挑戦するようになった。新調の訪問着を着たいために、結婚披露宴の招待を断わらないようになった。

しかしまだまだ、需要が供給に追いつかない。私はお茶を習うことにした。

私をお茶の先生に紹介してくれ、姉弟子になったのは人材派遣会社社長の奥谷禮子さんである。

今でこそバリバリの女性実業家であるが、その昔は芦屋のお嬢さまだった奥谷さんは、結婚する時百枚の着物を持っていったという。

「だけどすぐに離婚したからもったいなかったわね。いま、お茶やパーティーで着てるから、ま、いいか」

と豪快に笑う。

この時私と一緒にお茶を習い始めたのが、メディアプロデューサーの残間里江子さんである。私たち二人は忙しいこともあり、お稽古《けいこ》はさぼってばかりいる。だが私は、初釜とかの行事は大好き。着物に手をとおすことの出来る、貴重なチャンスなのだ。

最初の初釜の後、着物姿の私たち三人は、ホテルのラウンジでお茶を飲んでいた。その時誰からともなく、記念写真を撮ろうということになったのだ。

三人で一緒の集合写真の後、ひとりずつの写真を撮ろうと言い出したのは私ではない。

「再婚用の見合い写真ね」

とはしゃいでいたのはあの二人だ。

時は経過し、三人で初釜の後、記念写真を撮るのは今年で三回目になった。その時、奥谷さんは高らかに宣言したのだ。

「これからもずっとこれを続けましょう。私たちがフケてくのが一目瞭然だし、いろんな変化がわかるわ。うまくいかない年は着物が貧乏たらしかったり、去年と同じなのも面白いじゃない」

これがプレッシャーとなった。

呉服屋さんの展示会の案内が来るたびに、来年の初釜のことを思ってそわそわしてしまうのだ。

しかし私はここに来るまでに力尽きてしまった。夏の着物を何枚か買ったために、とてもじゃないがもう新調する余裕がないのである。

目立つために着物を着る私にとって、夏は最高のパフォーマンスの季節であった。夏はとにかく着物の人がいない。こういう時に、紗《しゃ》の着物をさらっと着るカッコよさ。麻の着物で白いパラソルというシーンにも憧れ、何枚か持っているが一度も手をとおしていない。

恥ずかしながら、私はいちばん肝心のことが出来ない。どういうことかというと、着物の着付けが出来ないんですね。

「着物をたくさんつくるより、着るのを習うことの方が最初であろう」

と多くの人々に言われるのであるが、欲しいものは欲しい、出来ないものは出来ないのだから仕方ないじゃないと、不貞腐《ふてくさ》れる私である。だからいつも知り合いの人に着付けしてもらう。その結果、ふだん着はわざわざ着付けの人を呼ぶことが出来ず、簞笥《たんす》の底で長い眠りについているのが現状だ。

そして私は、今年の夏、またひとつわかったのだ。この着物を着なくなった世の中で、いちばん贅沢なのはふだん着の分野なのである。

私はもう何枚も訪問着をつくった。その都度なんて高いんだろうとため息をついたが、訪問着や付け下げといった晴れ着はたいしたことがない。趣味の世界の怖ろしさ、奥深さといったら、本当にぞおっとするほど怖い。

私は愛読している「美しいきもの」の夏号を見て、越後上布《じょうふ》というのが気に入った。

「いいのがあったら見せてくださいね」

と呉服屋さんに頼んだところ、重要無形文化財の人が織ったものをとり寄せてくれた。

その値段ときたら、高い、なんてもんじゃない。私がいつもつくっている訪問着が三枚か四枚買える値段だ。

「ど、どうしてこんな値段なんですかッ」

気色ばんで尋ねたところ、もうこうした越後上布は手に入らないとのこと。

「七十、八十のお婆さんが、手に唾《つば》をつけながら織るんですよ」

こういうストーリーにひどく弱い私は、ついに「よーし」とつぶやいたのである。

が、現金で買えるはずもなく、二十回ローンを組んでもらった。今年の夏から二年間は洋服を買うのを控えなければならないだろう。

その上布がおととい仕上がってきた。芭蕉の帯と合わせて、本当に素敵。

中野さんも言ってたっけ。私たちが着物を着ていくと意外性ってやつで、それだけでウケるのよねと。

しかし新しい着物を肩にかけてふと思う。それってすごく傲慢な考えじゃないだろうか。

デブの中年の、女流作家が着物を着て、何の不思議があろうか！　着物が面白い、不思議なんていってる間に、女はどんどん年とってしまっていたのだ。

デビューの日

いよいよ明日、グリーンデビューだと思うと、胸がドキドキしてどうしても眠ることが出来ない。

私にしては珍しく、コツコツ練習を始めて早くも四カ月、練習の成果が出る時である。

三日前、練習に行ったところ、

「それだけ打てれば大丈夫ですよ」

と先生は言ってくれたが、本当だろうか。

実を言うと六年前、私は一度コースに出ているのだ。ころがしてでも何でも、とにかく前に出せばいいんですよ、などと励まされ、本気になってしまった。ろくに練習もせずにコースに出た私は、いま大ヒンシュクをかっている初心者女性ゴルファーのハシリであろうか。

しかしひとつだけ救いがあるとすれば、私はひたすら走った。初めての人間は、ぐずぐずしているから人に迷惑をかけるのだ。次の地点まで走りさえすれば、少しはスムーズにことが運ぶ。

そう誰かに聞かされた私は、とにかく走りに走った。これがどれほど大変なことか想像いただけるだろうか。

炎天下、山の中をマラソンしているようなものである。つくづく懲りて、ゴルフは自分には絶対に合わないと思った。

その後、カナダで遊び半分にちらっとやったことがあるが、ほとんどゴルフからは遠ざかっていたといっていい。私のことだから、早々とクラブは揃えたが、ずっと物置きで眠っていた。

だが考えるところあって、今年の三月からずっと稽古に励んでいたのである。

そろそろコースに出たいなアと思ったこともあるが、私の場合かなり人に見られる。よっぽどうまくならないと恥ずかしいなアとためらっていたら、広告代理店のAさんが声をかけてくれた。

「ハヤシさん、九州でしませんか。九州だったら空いているし、人に見られることもないですよ」

Aさんは恒例で私がする講演会のスタッフである。この講演はいつも地方を二カ所まわることになっているので泊まりがけだ。出版社、代理店の人たち十人ほどが同行する大がかりなものだが、たいてい同じメンバーだから、皆とても仲よくなっている。毎晩、宴会、カラオケと大層盛り上がるのはいつものことだ。しかし明日のゴルフのことを考えると、おちおち歌ってはいられない。

「皆さんにとっては日常的なことでしょうが、私は明日に備えて早く寝ます」

と言って失笑をかったが、ビギナーとしては当然のことではないだろうか。

何も知らず、何も考えずに人に従《つ》いていった最初の時と違い、ずっと練習を重ねてきた今日この頃。初めてコースに出るための本を二冊も読んだ。

「車から下りたら、まずキャディさんに、元気よく、オハヨーございますと挨拶《あいさつ》しよう」

という箇所もちゃんと実行しようと思う。しかしこうして満を持する態勢になると、かえって緊張感はつのるものだ。

次の日の朝は、目覚まし時計にセットした時刻よりも、ずっと早く起きてしまった。八時半にホテルを出る。二組でプレイすることになっているのだが、女は私ひとりである。

この日のためにゴルフブティックで買った、紺色に白いトリミングが可愛いシャツ、紺色のキュロットスカートにハイソックス。はっきり言って少々若づくりである。

そしていよいよ懸案のティショット。以前はウッドは全く使えなかった私であるが、練習の甲斐あって何とか向こう側に飛ぶ。

「すごいじゃない、ハヤシさん」

「何も出来ないなんて、嘘をついてたんじゃない」

などというお世辞が、なにやら接待ゴルフっぽい……。

などと思いながらボールに向かって歩く私。六年前と違い、この分なら走ることはなさそうだと余裕の発言をしたのもつかの間、草の上のボールは、クラブを振りまわしても、ぴくりともしない。今朝までの大雨で、たっぷりと水を含んだ芝がやや長めになっているところに、すっぽりとゴルフボールは入っている。

二度空振りした私は、それでも気持ちを落ち着けて、練習場で先生から教わったとおりに足を広げ、クラブを振った。しかしボールにかすりもしない。

絶望的な気持ちというのは、こういうことをいうのだろうか。ゲームは始まったばかりだというのに、芝の上の球がまるっきり打てないのだ。

「ああ、練習場のマットを持ってきて置くことが出来たら！」

というのは、こういう時初心者が誰でも思うことらしいが、私も全く同じことを考えた。

「ハヤシさん、落ち着いて、落ち着いて」

私のコーチ役をかってくだすった代理店の方が優しく声をかけてくださる。

しかし永遠にここで空振りしていたら、私はいったいどうなるのだろうか。まるっきり打つことが出来ないので、途中でやめた人って今までいるのだろうか。

悲観的な想像をいくつかした後、クラブを振ったら、ボールはやっと少し前に出てくれた。

ホールに近づくにつれ、なんとかあたるようになったが、数回に一度は、チョロを出す。

また打っては走りが始まり、ゲームが終わった時には、くたくたに疲れきっていた。なにしろほとんど外に出ることのない物書きが、七キロ近い距離を歩いたことになるのだ。

楽しかったがとにかく疲れた。ゴルフ場からまっすぐ飛行場へ行き、午後の遅い便に乗ったが、シートに座るやいなや、ぐっすりと眠り込んでしまったほどだ。

一日たった今日も、ほとんど半病人のようにぐったり横になっている。

ゴルフというのは、これほど疲れるものかと驚いた。二日間は体が使いものにならない。

「こんなんでゴルフをやれるかしら」

とまわりの人に聞いたら、みながNOと答えた。それもシャクにさわる。

爺さまがらくらくとしていることだ。全く世間はタフな人ばっかりなんだ。その中で私はもしかすると蒲柳《ほりゅう》の質ではないかと本気で考えた。

女の肩書

つい先日、ある女優さんと食事をする機会があった。いわゆる都会派の女優さんで、華やかなトップスターという地位とは少し違うが、それがかえっておしゃれに見える、という場所にいる。美しさもさることながら、聡明さとセンスがいいことで知られている女性だ。一緒にいた男が、

「僕はこのあいだ、女優の〇〇〇と会って……」

と言うと、彼女は「ちょっと待って」ときりっと言い放つ。

「彼女は女優じゃないわ。タレント、もしくは女優の卵というの。憶えておきなさい」

キャーッ、素敵と、私は快哉を叫んでしまった。全く今の世の中、肩書に関しておかしくなっているのである。

最近、編集者の人たちを非常に困らせているのが、この肩書問題だ。みんな、困った、

どうしようと、こぼしていく。

例をあげると、私と仲のいいある編集者は、テレビで活躍しているある女性にインタビューした際、絶対に肩書をタレントにしないようにときつく言われたそうな。

「じゃ、何にするんですか」

彼が尋ねると、

「エッセイストっていうのはどうかしら」

彼女はのたまった。その編集者はかなり嫌味ったらしい男なので、へえーっとかなり驚いたふりをしたそうだ。

「でも僕は、あなたの書いたもの、見たことありませんよ」

「あら、〇〇っていう女性誌に書いてますよ」

かくして女性誌は〝エッセイスト〟が氾濫する結果となった。

どう見てもテレビで食べているとしか思えない人たちが、絶対に〝タレント〟という肩書を使わないのが、最近の風潮である。

ビートたけしとか、山田邦子ちゃんぐらいになるとタレントという肩書もカッコいいが、知的と自分で思い込んでいる女性たちはどうも気に入らないようだ。エッセイストとか、キャスターという自分の好きな方の肩書にする。

自分はあくまでもエッセイストという文字を書く仕事なのだが、趣味としてテレビに出ているというふうに言いたいらしい。

この三、四年、芸能界と出版界は同じ時に、同じように大きく変わってきた。歌番組はほとんど壊滅状態となり、ドラマは決まった人が出るトレンディドラマ。

芸能人は自然と、口が達者で、反射的に面白いことを言う人々がなるようになってきた。歌も歌わない、芝居もしない人々が、自分のアイデンティティがわからないのもあたり前だ。

同時期に、作家とか評論家といった人々の、テレビ進出も大変な勢いとなっていく。八年前、うんとテレビに出ていた頃、私はこういう人たちに叩かれた。物書きのくせに、タレントのようだというのである。

今、その人たちがみいんなＣＭに出たり、テレビでぺちゃくちゃ喋っている。

「なんだ、みんな私と同じことをしたかっただけなんだ」

私は妙に納得したものだ。

芸能人も作家も座り込んで、自分の好き勝手なことを喋りまくっているのが、今のテレビだ。それなのに文化人ということになっている人々は、プライドも高くて、やたらいばる。同じようにＣＭに出て、目が飛び出るようなギャラを取っておきながら、最後は、

「僕は芸能人じゃないからね。一緒にしないでくれ」

と逃げるのだから、芸能人の人たちが頭に来るのもあたり前だ。あんな人たちが書くものくらい、自分たちにだって書けると思うだろう。

するとマスコミから、すぐに誘いがかかる。エッセイや小説を書く女優さんは昔からいたし、クロウトはだしの人も多かったが、彼女たちが今の人たちと違うのは、一冊か二冊本を出したぐらいで、絶対にエッセイストだの、作家だのと名乗らなかったことだ。

肩書は自己申告となっているので、編集者たちは内心どう思おうと、彼女たちの言うとおりにしてあげる。すると校閲の方から、すごいクレームがつくらしい。校閲はどこの出版社も生き字引のような人がいるので、冗談じゃない、ということになる。

「本人と校閲の間に立って、本当に困っちゃう」

と編集の人はため息をついた。

肩書というのは羞恥心の問題であるとはっきり言おう。自分のことを言うのはおこがましいが、私は直木賞をいただくまで、自分で「作家」と名乗ったことはない。自分で言い張らなくては、そのように書いてくれない肩書ならば、たぶん違うのではないかと思っている。

「その点、男の方が女よりもずっと羞恥心を持っているわね」

と友人が言った。

「もはや女の活字業界では死語となったフリーライターやルポライターっていう言葉が

生きてる。女の場合、すぐにノンフィクション作家とか名乗るけどさ」

「やっぱり男の椎名桜子も出てこなかった」

「ハンサムな男の子を使ってやるかと思ったけどね」

若い女の子の悪口を言うと、すぐに嫉妬してとか言われるから、みな陰ではあれだけ言って、表では口をぬぐっている。が、やはりあれは奇怪な出来ごととして、出版史上に記録されるだろう。芸能プロダクションと、新参の出版社が手を組んで、スターをつくり出そうとした。そこまではいい。書く前から処女作執筆中の作家として、大々的に売り出すのもいい。しかし処女作と次作を書いただけで、後はＣＭだけというのは、やはりみっともない。それまでは売れなかった双児の歌手が、作家という肩書を利用してるだけじゃないか。

本当のことを言えば、人間、どんな肩書を使ったっていいんだ。だけどその肩書のために、一生懸命仕事をしなくっちゃ。ふさわしくなるよう努力しない人間は、いつまでたっても肩書が宙ぶらりんのままだ。

ヘンシーン

今年は日本舞踊の稽古のために、浴衣《ゆかた》を何枚もつくった。それをくるむために、綺麗な絽《ろ》の風呂敷も買った。

そうしたら、あの日の新聞記事ではないか。家庭面の右側に、浴衣が売れて売れて生産が追いつかないという記事。左側に風呂敷が復活したと大きな見出し。

「私って、はずしてないのよねえ……」

思わず大きなため息が出た。

「私はトレンドをつくり出す、ファッションリーダーっていうのとはほど遠い存在だと思ってたけど、このはまりようは怖いみたい。最近、私がやっていることと流行がぴったり一致するのよねえ……」

おととしぐらいから歌舞伎をよく見るようになったが、この頃はこれも大変なブームになっている。帰りにはいつも小物屋で日本手拭いを買い、ナプキンに使ったりしていたが、これも流行らしい。そのうちに日舞や茶の湯も出てくるんじゃないだろうか。

新聞記事が出た日は、ちょうど踊りのお稽古日だったので、仕立て上がったばかりの絞りの浴衣をまとった。全く浴衣ぐらい安いものがあるだろうか。バーゲンで買った浴衣だから一万円ちょっと、仕立て代を入れても二万円しない。

訪問着や振袖から比べると、ウソのような値段である。それでいて着物を着ているという雰囲気は出るのだ。動きはラクだし、脱いだらクリーニングへ出せばいい。こんなに気軽に〝変身〟出来るものは、他にちょっと見あたらない気がする。

新聞記事によると、浴衣のメーカーは、移り気なギャルの心をどこまで信じていいのか悩んでいるらしいが、信じなさいと私は言いたい。

考えれば考えるほど、浴衣は〝変身〟という時代のキーワードにすっぽりはまるのだ。例えば卒業式、あれはもう仮装行列としかいいようがない。私たちの時代、卒業式に袴《はかま》をつける人はほとんどいなかった。私の学部は芸術学部だったから、演劇学科の女の子が二、三人レトロっぽい袴をつけて人目をひいていたが、やはりみんなは「変わってるうー」とささやき合ったものだ。

ところがこの二、三年、卒業式に袴は定番になってしまった。普通にスーツを着ている女の子を探す方がむずかしいぐらいだ。みんな大きなリボンをつけ、明治、大正の女学生のような扮装をし、その後の謝恩会ではパァーッと着替えて、肌がたっぷり露出されるドレスを着る。

そんな彼女たちにとって、浴衣はこの上ない夏のアイテムなんだ。時代も奨励してくれている。この頃は花火大会がやたら多いし、ミュージシャンたちは納涼コンサートを開く。ちょっとアップにし、素足に下駄をひっかけると、昨日とはまるっきり違う自分になれるんだ。

しかし浴衣なんてもんじゃない、もっとすごい変身への道に、いま私は夢中になっている。

そしてそれはやっぱり世の中ですごく流行っているから、はずしてないワと思う。変身といっても整形手術とかじゃない。霊の世界を知って、自分の背後に大きな存在があるのを知るということ。これは手袋がすっぽり裏返るみたいに、いろんな価値観や意識が変わってくる、すごいことではないだろうか。

私は宜保《ぎぼ》愛子さんの大ファンで、先日は対談までさせていただいた。この時のみんなの羨ましがりようといったらない。宜保さんはとてもお忙しくなられて、雑誌やテレビ以外では霊視なさらないそうだ。ということは、普通の人たちは見ていただけないことになる。

私は宜保さんの教えを守って、毎日お線香をあげている。宜保さんのテレビも欠かさず見ている。このあいだは宜保さんが指さした方向を、別の人がポラロイドカメラで撮ったら、まるで雲のような霊と光が映っていて、私は心底ぞーっとしてしまった。ところが傍に居て、同じテレビを見ているのに、友人は何にも見えないという。ポラロイドに、ちらっと光が見えただけじゃないかと言いはるので、私はこれにも驚いてしまった。

先日も宜保さんのスペシャル番組を見ようと、仕事を早く切りあげ、テレビの前に座った。こんなことを言ってはナンであるが、とてもつまらないつくりだ。再現フィルムのようにドラマ仕立てにしてあるのも安っぽい。

あまり綺麗でない女優さんが、宜保さんをおどろおどろしい感じで演じていて、ご本人に失礼ではないかと私など憤慨したものだ。

「蒸し暑い夏の夜、愛子はなかなか寝つくことが出来なかった……」

というナレーションが入り、女優さんの演じる幽体離脱のシーンが始まる。からだから離れた宜保さんは、夜の街の上空をひとり飛んだそうだ。

「次の日、あれは夢だったんだろうかと思い、確かめに行ったところ、写真館に昨日見たとおりの写真が飾られていました」

と宜保さんはおっしゃる。

そして最後のコーナーは、その夜のゲストたちの質問であった。なぜか急に暗い表情になった女優さんが、死後の世界はどうなってるんでしょうかなどと問うた後、若いタレントの女の子にマイクが行った。

よほどの新人だろう。初々しい感じで私は彼女の名前を聞くのも初めてだった。

「さあ、○○ちゃん、質問があるかナァ」

アナウンサーが言うと、彼女は遠慮がちに喋り出した。

「あのう、幽体離脱してる時なんですけどォ、ああやって空を飛んでいる最中、同じように幽体離脱した人も飛んでいてすれ違ったりしないんですか」

いいえ、そんなことはありませんよと、宜保さんは親切に答えたが、このアイドル歌手の発想の愉快なこと。

魂がからだから離れ、ふわふわと空を飛んでいる。すると向こうからやはり飛んでいる最中の魂（人間のかたちをしている）がやってくる。その時「やあ」とか「こんばんは」といった挨拶を交さないんだろうかと彼女は思ったのだ。

いいなァ、こんなの。夏の空を涼やかに飛ぶ。知っている人たちを上から見おろす。これが人が望むいちばんの〝変身〟というものではないだろうか。

国内一泊旅行

茶の湯、日本舞踊とジャパネスクの道をまっしぐらに走っている私にとって、国内旅行は楽しくて仕方ない。

あの遠い、遠い成田空港を使わなくても、羽田までモノレールで二十分。一時間ちょっと飛び立てば、したたるような緑と、美しい瓦屋根の家々が続く。

このあいだまで私は、日本全国どこも同じだなどと思っていたが、それは何という傲慢だったんだろう。派手な看板とそう高くないビルがつくり出す市街地は確かにどこも似かよっているが、ちょっと足を伸ばせば、胸がしめつけられるような風景が続く。

今まで一泊する講演旅行は絶対にお引き受けしないことにしていた。人見知りの強い私にとって、その日会ったばかりの人と夕食を共にするなどというのは、苦痛以外の何ものでもないからだ。

しかし最近、飛行機の関係でどうしても泊まらなければいけない事態が二回ほどあったのであるが、これがとても素敵な夜となった。

主催者側の新聞社の社長さんが三十代の若くて愉快な方だったので、バーをハシゴし、カラオケ大会となった。もちろんその前においしいものをどっさりといただいた。今は季節柄、魚がよくないということであったが、地のもののお刺身に、地のお酒をいただく幸せ。私はビールで喉をしめらせ、後は必ずそこの日本酒を冷《ひや》でいただくことにしている。ガラス鉢の白い切り身に箸をつけ、露のついた猪口を口に運ぶという行為は東京でも出来るかもしれぬが、よその街には深い闇とゆっくりと流れる夜がある。

結局、私と社長さんはチャーシューがどっさり入ったラーメンで締めくくり、飲み過ぎ、食べ過ぎでよろめくようにしてホテルに帰ってきた。明朝は一番の飛行機で帰るとしても、この充実感というのはやはり得がたいものだ。

が、つらつら考えるに、これほど私が地方へ行くのが好きになったのは、主婦という要素が加わったためではないだろうか。とりあえず夕飯をつくらなくても済む喜び。帰りを気にしなくても済む解放感……。出張が大好きという、キャリアウーマンの友人の気持ちがよくわかるようになった。

とはいうものの、私が国内一泊が大好きになったのは、食べ物とサボれるからという理由だけではない。いろいろな街に住む若い女性たちから、私はいろんなことを教えてもらう。日本のほとんどの女の子たちは、こういう人たちだろうなアと納得する。キレイごとではなく、これは本当のことだ。

私は思うのであるが、日本のたいていの問題というのは、実は東京の問題なのである。フランスのクレッソンおばさんが、日本人はウサギ小屋に住んで、満員電車に乗ってと悪口を言いまくっているが、それは東京と近郊の人の話。地方へ行けば、みな広い一戸建てに住み、マイカー通勤である。

雑誌に出てくるキャピキャピギャルも日本のすべての女の子ではない。東京の女の子の話なのだ。

私の友人が言った。彼は某大手の広告代理店に勤めているのであるが、あそこがキャピキャピと、スキスキの温床であるというのは、まあ、誰でも知っていることだ。二人の子の父である彼ははっきりと言う。

「僕は浮気をしているつもりはない」

食事に誘ってその後お酒を飲む。

「三次会として、一応ホテルに誘う。その時にイヤだったら断わるか、軽くいなせばいいでしょう。だけどたいていが従いてくる。彼女たちもいい思い出をつくる、僕も別に困らないしィ……」

なんでもアルバイトの女の子といい思い出をつくったところ、しばらくしてちゃんと彼女の結婚披露宴に招待されたそうだ。

こんな話はさんざん雑誌で見聞きしているが、たまに会って当事者から聞くと、やはり実感がこもっていて面白い。

彼は先日も取り引き先の、可愛い女の子とそういうことをしたばかりなんだそうだ。

「そのコって、後でわかったけど、ちゃんと婚約者がいて三カ月後に式を挙げるんだって。最近これでいいのかなあと思うことがあるよ」

「もう女なんか信じられなくなった」

というのは、独身の友人だ。彼はいい年までずるずると実家にいた。やっと決心してマンションを借りたところ、

「まさかーっと思うようなのまで、従いてくる」

んだそうだ。

「うちの近くで飲んで、僕の部屋はそこ。どうする？　って言ってしばらく歩く。そして振り向く。帰った女はまずいない。人妻から若いのまで、みんな来るよ。オレもう、女なんか信じられない。結婚なんかしたくなくなっちゃったよ」

こういう話ばかり聞いている私にとって、地方の女の子たちのつつましくて愛らしいこと。もちろん恋をしていたり、奔放に生きている人も多いだろうけれど、そういうことをしたくても、ほとんどの街では若い男が都会に出ていて少ない。しかも親元から通

っているから、そう大胆なことも出来ないだろう。

しかし、綺麗なことと洋服のセンスは、東京と比べて何の遜色もない。親元に居るコは、「ここはお酒を飲むところもないし、コンサートもめったに来ない。給料のほとんどを洋服に使うしかないんですよ」

と、どこの街へ行っても同じことを言う。先日は出張に行く男友だちとしめし合わせて（誤解をまねくヘンな日本語だな。偶然同じ場所に講演に行く私に、会議に出る彼が日にちを合わせてくれて）、山陰地方のある街に行った。

月に二回はここに仕事で来るという彼が、夜の街を案内してくれた。行きつけのスナックもちゃんとあり、ボトルが入っている。カウンターの女の子は、都会と違ってまるですれていない。とても可愛い。最近結婚したばかりだそうだ。工場に勤める彼のために、毎日五時に起きてお弁当をつくると聞いた時、私はなんだか涙が出てきそうになった。

うまく言えないが、地方に行くと昔の私に会えるような気がする。そして反省し、暖かいものをもらって帰る。講演の後お土産を持って、ずっとお料理屋さんの前で私が出てくるのを待っていてくれたあの街の女の子たち。日本もまだまだ捨てたもんじゃない。

一泊二日富良野行き

東京の夏の不快さは、年々高くなっていくようである。十九年前、初めて上京した時、東京は今のように暑くなかったと記憶している。

貧乏学生だったから、もちろんクーラーなど持っていなかったけれど、それでとてもつらかったということもない。池袋のはずれのアパートは、朝と夕暮れにはひんやりして、北向きのちょっとした庭には朝顔が咲いていた。

いちばん温度の高い頃は、帰郷していたこともあるが、あまりひどい思い出がないのである。

ところが今日、一歩部屋を出るともやーっとした暑さが体をつつむ。アスファルトの照りかえしはめまいがするほどだし、毎日のようにあった夕立ちや、涼やかなたそがれの風もない。

物識りの友人から聞いた話であるが、クーラーの放射熱とアスファルトからの熱で、真夏の東京は太陽と同じ量のエネルギーを発しているそうだ。暑いわけである。昔は窓を開けて風を入れていた家々がどこも密封状態となり、クーラーの排泄物ともいえる熱を出す。

電車に乗っている時、高架から東京の街を見ながら考えた。この街の夏はこれからいったいどうなるんだろうか。手塚治虫さんの漫画みたいに、地下都市になっていくんだろうか。

まあ東京の明日を憂うのもいいが、とりあえずどこかへ逃げ出したいなあと思っていたところ、富良野へ行く仕事が持ち上がった。雑誌の仕事で、倉本聰さんをお訪ねするというものだ。

倉本さんにおめにかかれる嬉しさもさることながら、北海道、富良野、ひろがる高原、『北の国から』と連想することは涼し気なことばかり。ああ早く行きたい、待ち遠しい、と本当に楽しみにしていたのだが、いろいろな事情で取材が延期となってしまった。

がっかりしているところに、電話がかかってくる。私と仲よしのテレビ局に勤めるSさんが『北の国から』のロケで富良野へ行っているのだ。

「もう航空チケット買ってあったんでしょう。今の季節はなかなか取れないからおいでよ。僕がずっと接待してあげるからさ」

スケジュールも空けてあったので、「えい、やっ」という感じで羽田まで行った。たった一泊の旅行のわりには、五万二千円という往復チケット代は痛いが仕方ないかア。涼を求めての小旅行、こういうのが本当の贅沢というんだろうなあと、例によって一人でいい気になるところから楽しい二日間の予感はあった。

旭川の空港に着く。前回で最近国内旅行が楽しいと書いたが、まさにそのとおりだ。東京からわずか一時間半で、この空気の違いはなんなんだ。暑いと聞いていたが、湿気のない、ひんやりとした心地よさである。日本は弓のように長くそり返っているんだなあとしみじみ思う。

旭川から富良野までは車で一時間半。途中ラベンダーや、ヒマワリのお花畑も見える。クーラーを切ってもらっても冷ややかな風は窓から入ってくるし、その気持ちのいいことといったらない。

ホテルのロビーではSさんが待っていてくれた。ロケの最中だというのにのんびりした顔である。

「ホントに私と遊んでくれてていいの」

「へーキ、へーキ。僕はロケの間、君をご接待することにしたの」

古いつき合いであるが、私は彼が何をしているのかまだきちんと把握出来ていないところがある。その後二人で、倉本さんをお訪ねする。

こちらが配慮が足らず失礼したのに、倉本さんはご自分のジープに乗せていろいろ案内してくださった。

まず行ったところは、私が前から行きたかった富良野塾である。ここでは若者たちが自給自足、言ってみれば原始共産制の生活をしながら、お芝居の勉強をしているのだ。宏大な敷地の中、塾生たちが寝起きするコテージがあり、レストランがある。驚いたのは稽古場の立派さで、ちょっとした小劇場ぐらいの広さなのだ。

二階の渡り廊下は桟敷席のようになっており、なんと百二十人ぐらいが見物出来るという。これを塾生たちが力を合わせて建てたんだから、ますます驚く私だ。

レストランへ行ってお茶をいただいたが、ほっぺの赤い女の子が二人、食事当番とかで包丁を動かしていた。

「ここの食費は一日二百八十円なんだよ」

倉本さんはおっしゃる。

「たいてい自分たちでつくるし、農家からはねた農作物をもらってくる。ここでは本当に金を使わないからね」

今の時間、塾生たちはニンジン選別場で働いているそうだ。アスパラガス畑にも連れていってくださった。真白い歯とたくましい肩を持った青年が走ってきて私たちに挨拶する。

「うちの塾生で、俳優志望のコです」

と紹介してくださった。俳優志願の青年は街の中にいるものだと思っていたから、こちらはびっくりする。

夜は『北の国から』のロケを見せていただく。富良野駅前で蛍ちゃんが、お父さんに別れを告げているシーンだ。『北の国から』はいうまでもなく国民的番組で、お金はもちろん、途方もないほどの時間をかけてつくられている。なにしろ年単位で一本の番組を製作するのだ。

たった三十秒ぐらいのシーン。私から見れば完璧だと思うのに、監督さんはＯＫを出さない。後ろの女の子の持っている花火の感じがよくないそうだ。

「もう一回行きます」

予定だと午前二時まで続くという。

テレビのロケを見るのは初めてだったが、膨大な人数の人々が働いている。おまけに、私のような性格の者には気が遠くなりそうな緻密さの中で進められているのだ。

富良野塾といい、この番組といい、プロを目ざしたり、プロを持続するのは本当に大変なことだなあと思わずしゃがみこんでしまいそうな感慨に襲われる。

リゾート気分で出かけた富良野であったが、ここを仕事の場としている人たちは何人もいたのだ。全くまいっちゃうよな。
今週も心を入れ替える材料が増えた。だが夏の間はしばらくこのままでいこう。

甘えの構造

先週の「週刊文春」を開いたら、いきなり「不快」という文字が飛び込んできた。私のこの連載ページだ。

「夏は年々暑くなっていくようだ」

という書き出しで、東京の夏がいかに過ごしにくいかを延々と愚痴っているのだが、ご存知のように今年は大変な冷夏となっている。

まあ、ひと言いわせていただくと、合併号の原稿は二週間前に書かなくてはならない。ちょっと記憶を戻していただくと、今から三週間から一カ月前、夏の始まりの頃は確かにかなりの暑さだったはずだ。私の原稿はその頃に材をとっているので……というのは、なんと苦しい言いわけであろうか。

苦しい言いわけといえば、このあいだの明菜のコンサートもひどかったなあ。テレビのスペシャル番組で放映されていたのだが、見ているこっちの方が疲れてしまった。噂には聞いていたが、声が全く出ないのだ。

もともと明菜の発音というのは不明瞭なのであるが、コンサートでは何を歌ってもほとんど意味がわからない。

そして驚いたことに、歌っている最中、喉を何度もおさえるのである。よくカラオケで若い女の子がやる、

「キーが高いよォー、声が出ないよォー」

というジェスチャーである。そしてついには舌をペロッと出す。歌い終わると言いわけをずらっと並べたてる。

「あのね、サビの部分がきついのよォ」

「いまね、テレビドラマ撮っててね、毎日二時間しか寝てないの」

プロの歌手なら、コンサート前の何日かは体調を万全に整えておくものだと思っていた私は呆然としてしまった。

このコンサート中継番組の前、別の局でＨＩＲＯＫＯという話題の歌手のドキュメント番組をやっていたのだが、こっちはすごいよ。全米チャートに躍り出て、いつか世界を制覇しようという意気込みである。アメリカのショービジネスで鍛えられた根性と実力は、少しのミスも出すまいというプロ意識につながっていく。幕が開く直前までリハ

ーサルが行なわれているのだ。

全く同じ日に、よりによって対照的な二人の女性歌手を出してきたものである。HIROKOの方にとって、観客というのは屈伏させなければならないもの、こちらの力でねじ伏せなければならないものだ。おそらく大変なプレッシャーと恐怖心の中、舞台に立っているに違いない。

しかし明菜の観客たちは、限りなく家族である。実は歌などどうでもいい。彼女の私生活ごと明菜を愛しているのである。

「あのね、サビの部分がきついのよォ」

という口調は、あきらかに母親に甘えて訴えている幼児そのものだ。そして暖かい母親の声援。

「いいんだってばー」

「明菜、頑張ってえー」

全くこういう我ら日本人の甘え、甘えさせ方というのは、どう説明しても外国人にはわかってもらえないだろう。いい、悪いの問題ではない。こういうふうに人に甘え、そして甘えてもらうことによって強い絆を深めていくのが私たち日本人なのである。

さておとといのこと、友人の家でディナーがあった。私と夫の他には、大使館関係の男性とアメリカの大学で教えている女性が客である。俗に言うヨコメシであるが、まあ、私はほとんど日本語でとおす。

アメリカ人の女性は、年の頃なら四十ちょいというところだろうか。女性学の教授であるということは、当然フェミニストだ。

私の友人が私たちを紹介して、

「マリコたちは、ミアイで結婚したのよ」

と言ったから大変だ。

彼女の目がたちまち鋭く光った。

「ミアイはどんなことするのか」

「写真をエクスチェンジして、後はどこかのレストランで会うわね。まあ、私たちは略式も略式、知り合いの居間でお茶を飲んだだけだけど」

教授はもっと何か言いたそう。日本の有名な女性作家と聞いて来たのに、目の前の女はヘラヘラしていて、しかも夫の皿に食べ物をよそったりしている。少人数のパーティーであるが外国式にビュッフェ形式の最中、私は座っている男性に、ついオードブルを盛ってあげてしまうのだ。

「あなたは家事をするのか。夕食はどうしているのか」

教授は私に問うた。私は答える。

「私は忙しいが毎日夕食をつくっている。が、先日はご飯が遅いとオットに叱られた」

その時の彼女の夫を見る視線ときたら、世の中でいちばん汚らわしいものを見る目つきであった。

「ああいう言い方はないだろう。誤解を招くじゃないか」

後で夫が私に怒る。

しかしちょっと悪戯が過ぎたかなあ。日本の女性を研究するために来日していたというのに、彼女はのっけからかなりの偏見を持ってしまったかもしれない。

などということを思い出しながら、朝のワイドショーを見ていたら、松方弘樹さんの顔が飛び込んできた。愛妻の手術が成功しての記者会見らしい。会見の場所は空港で、これから海外ロケに出かけるんだそうだ。

「でも僕はどこに何がしまってあるのかわからない。だから手術前の女房に外出許可をもらって、スーツケースを詰めさせました」

ああ、びっくりした。ワイドショーの司会者はうるわしい夫婦愛とか言っていたが、私はただ驚いた。日本のファンや妻というものは、みんな相手を幼児に変えてしまおうとするみたいだ。愛することはイコール甘えさせることなんだ。

ところであの女性学の教授は、今日のワイドショー見たかしらん。

バカンス前夜

今年もバカンスに出かけるのは、八月の終わりから九月にかけてである。

この頃になると飛行機や観光地も空いてくるし、俗に言う〝ダメをはる〟という感じが私は好きなのだ。

よく子どもの頃、配られたお菓子をなかなか食べないコがいたじゃないですか。私のように食い意地の卑しいのは、包装紙をはがすのももどかしく口に入れたが、キャンプや遠足が終わりに近づいた頃、おもむろにさっきのお菓子を取り出してゆっくりと口に入れるコ。

もらったものは同じだったはずなのに、彼女のお菓子の方が、ずっとおいしそうで価値があるように見えた。

その時子ども心にも、楽しみは後にとっておいた方が得なのだ、ということを学んだような気がする。

おまけに今年は夫婦ぐるみで仲よくしているA氏夫妻が一緒だ。A氏は航空会社に勤務している。航空会社や旅行会社というのは、人が遊んでいる時に働かなければならない因果な職業だ。お客にバカンスがいきわたった頃、ようやく自分の夏休みをとる。A氏夫妻に日程を合わせながら、こちらの希望を入れてもらったら、あちらは私たちより三日遅い出発となった。カナダはバンクーバーでおち合う。

そしてもうじき先発の私たちが旅立つ日だ。その日のために、仕事を一生懸命に片づけた……なんてことをする私じゃない。〆切りのいくつかを持ったまま、とにかくあちらに行きさえすれば何とかなるさと居直っている。

とはいうものの、人間が生きていくということはすごいものだ。経験が生まれつきの性格を超えようとする時がある。

外国でのつらい日々を思い出す。原稿を書く暇がなくて困ったこと。それより何よりファクシミリの高さに閉口した。一回の送信代が三万円かかったことさえある。どう考えてみても、私の原稿にそれだけの価値があるとは思えない。

お金のことをあれこれ言うのはナンであるが、昨年の夏、バルセロナで私が払ったファクシミリ代は、十数万円であったと記憶している。

日本で送れば数十円で済む。とにかく一枚でも多く書いておきたい。そう思う気持ちが、朝から晩まで机の前に向かわせている。全く人間、変われば変わるものだ。

おまけにとびきり嬉しい出来ごとがある。この九カ月、私をさんざん苦しめ、悩ませてきた新聞の連載小説が、あと四回をもって終わるのだ。毎日書かなくてはならない新聞小説は、やり甲斐があるものだが、自由を束縛され、多くのものが課せられる。だらしない私はギリギリまで書かず、ストックは減るばかり。

ふつう新聞小説は半月以上前に渡すものだが、私は三日をきることもしょっちゅう。ひどい時は明日の分までしか入っていないことがあった。

当然編集者は怒り責めるし、切羽詰まった私はつらくなるしという状態が、なんと九カ月も続いたのだ。しかしそれももうじき終わる。今日は三日分渡した。残るはあと一日分なのであるが、これをなかなか書かないのが、私の私たる所以《ゆえん》ではないだろうか。

私は昔からそういうところがある。あとひと息で完成する直前に、作文でも手芸でもいったんやめる。すべて終える解放感や喜びよりも、完成したらどうなるのだろうかという想像力を楽しんでいるのだから、もしかするとこういうのをマゾヒストの萌芽と呼ぶんではないだろうか。

また主婦としての私は、仕事と同時に家事のこともあれこれ考えなくてはならない。十日間にわたる長い旅行だ。だから冷蔵庫を空にしなきゃという名目で、この二日は外食とインスタント料理である。

今日はパーティーに出た後、友人たちとホテルのコーヒーハウスで夕食をとる。ついでといっては悪いが、ここの売店でカレーの缶詰を購入した。今夜おかずをつくると材料が随分無駄になるからである。

ここまで大義名分があるとなんだかやたらラクチンになってきた。晩ごはんは手抜きしてもいいことになったので、その分あちらで楽しむ本やビデオを揃える。ゴルフもいっぱいするつもりであるが、夜はやはり読書三昧といきたい。新しいミステリーを買いに本屋さんに出かけた。文庫を中心に二十冊ほど買う。これらの荷物はダンボール箱に入れて持っていくつもり。

見る時間がないことはわかっているが、ビデオも十本ぐらい欲しいな。うちに封を切っていないものが何本かあるのだが、今年はやはり今年のビデオ。車で近くのレンタルショップに出かけた。

最近こういう店で、非常に安いビデオが売られているのだ。大好きなパニックもの、ロマンティック映画と何本か選ぶ。これだけでもかなりの荷物であるが、この他にもあちらに持っていくお土産がある。

何年も行くうちにバンクーバーには何人かの知り合いが出来た。実はA氏夫妻もそんなふうにして知り合った人たちなのだ。初めは航空会社のバンクーバー支店に勤めていた方ということで仲よくなった。そして東京に戻ってからはさらに親しくさせていただいている。お二人にとって今度のバンクーバー旅行は、いわば里帰りのようなものだ。

A氏もよく言うとおりバンクーバーは何でもあるところだが、おいしいおせんべいはどうだろうか、それとも佃煮の方がいいかなと、あれこれデパートの地下で悩むのも楽しいものだ。

そしてスーツケースをひっぱり出す。向こうで食べるエビせんべいと月餅《げっぺい》を入れた。

ここまで来ると、はっきり言って心はカナダ。原稿がどんなことをしても書けなくなってきてしまっている。そういえば子どもの頃、遠足前になると宿題をしていても鉛筆がポロッと手から落ちたものだ。

バカンスはそれが始まる前から、飴玉のように舌の上でころがして遊ぶことが出来る。昨日と今日、私は十歳の女の子になってしまったようだ。

豪邸事情

東京からの電話が鳴った。

「ハヤシさん、うちからのファクシミリ、届いたか見てください」

「はーい、ちょっと待ってください」

寝室で電話を置き、廊下に出て居間を横切って走り、仕事場に着いた時には、ぜいぜい息が切れていた。

書斎の机の切り替えた電話に出る。

「ご免なさあい、お待たせして。なにしろうちがだだっ広いもんでしょう。ここに来るまでにとにかく時間がかかるのよ」

「………」

受話器の向こう側からは、あきらかに鼻白んだ空気が伝わってくる。ナニイッテヤガンダ、マッタク、イヤミナ、オンナダゼ、というテレパシーが伝わる無言の一瞬があった。

広い、というのは現代の東京において完全に禁句であるというのを忘れていたわけではないのだが、このバンクーバーの家は本当に広いのである。

三年前、ここに初めてやってきた私は、街の美しさに魅せられて、つい大それた望みを抱く。バンクーバーに別荘が欲しいという思いである。

親切な日本人の不動産屋さんに出会って、彼にさまざまなところを紹介してもらった。最初はコンドミニアムのつもりだったのであるが、ベテランの彼は、数軒のアパートの中に、ひとつだけ一戸建ての素敵な家を入れておいたのだ。

ホテルのオーナーが自分のために建てた古いがっしりとした家。ちょっと見たところは、地味でどうということのない家なのであるが、いったん中に入るとまるで違う。手品にあったような印象だ。外見からは想像出来ないほど奥行きがあり、入ってすぐの居間のガラス戸からは、広い中庭と青い水をたたえたプールが見える。

私はしばらくぼうっとなってしまった。値段を聞くと予算よりもはるかに高いが、日本のちょっとした場所の二DKマンションほどではないか。当時バンクーバーの地価はまだまだ安く、日本で長期のローンを組んでもらえば、私でもプール付豪邸を手に入れることが出来たのである。

いま豪邸と書いたが、最近はビバリーヒルズという設定でハリウッド映画のロケによく使われるバンクーバーは、いたるところすごい街並みが続く。田園調布の界隈など、このあたりでは中の下なのである。従って私の家などもとても豪邸などとは呼べない。ひとり悦に入っているのは私ぐらいのものだ。

だが日本の狭いマンションに、大人二人と通いの二人、二匹の猫がひしめきあって暮らしている境遇からすると、全く身の置きどころがないほど広い。昨年の夏、中野翠がちょっと貸してよと言うので鍵を渡したところ、友人たちと泊まり、

「あまりの広さに、風がすうすうするようで、皆はひとところに寄り集まって過ごした」

と彼女は書き記している。

一年に一度しか来ないこの家だが、住民として過ごしてみて、私は初めて西洋人の暮らしというものが、多少わかったような気がした。

ブレックファーストルームというものがある。文字どおり朝食を食べるためのコーナーだ。日本人の私はまず思った。なんでこんなものが必要なんだろうか。朝食だって夕食をとったダイニングテーブルで食べればいいじゃないか。

しかし太陽は方向を変える。東向きのダイニングルームだと朝陽はまぶし過ぎて閉口してしまう。だからブレックファーストルームは、庭にあたっている朝の陽ざしがいち

ばん綺麗に見える位置にあるのだ。

客間にはソファセットを二つ置きなさい。それから暖炉の前には遊びの椅子といおうか、他のものよりも上等なイタリア家具か安楽椅子を置くようにと、家具店の女性からは教わった。

広さと家具のバランスというのは非常に重要なことで、これだけの面積だとこれだけの家具といったルールがしっかり決められている。ブレックファーストテーブルの位置などは、あらかじめそれだけの余裕を持たせているので、すぐにわかるそうだ。

それはまあ納得しても、我々日本人が疑問に思うのは、風呂場がなぜ三つも必要かということだ。バスが付いていない純粋な手洗いは、客間のすぐ前の廊下にある。これだと家族の使う歯ブラシや髭《ひげ》そりをお客に見られることがないからいいが、あと二つは余計ではないだろうか。なぜバスルームは三つ必要なのか。

この疑問もやがて氷解する。

西洋でお客をするということは、独立した寝室と独立したバスルームを用意することである。つまり家の中にホテル的要素をつくることだ。そういえばアメリカで何日かホームステイした時、その家の子どもたちが寝室を明け渡してくれた。バスルームはひとつしかない家だったので、何時から何時まではあなたの時間と言い渡された。

そしてちょっと余裕のある家であったら、夫婦の使うマスターベッドルームの傍には必ず専用のバスルームもあったもんなあ、といろんなことを思い出しては納得する。

考えてみれば、欧米に関する本や雑誌、映画は、子どもの頃からたんと見てきた。なんとなくわかっていたつもりだったのであるが、生活の小さな様式というものは実は何も知らなかった。

広い家を使いこなす、靴を履いたままソファに寝そべることがどういうことか実感としては全くなかったのだから仕方ない。

だがそうかといってこうした借着のような知識も処分に困るものだ。そうだったのか、とからだでさまざまなことを憶えても、日本に帰り、あのモノのひしめいている狭いマンションに戻れば、空しさが残るだけではないだろうか。

このところバンクーバーに住んでいる日本人のお宅によく伺っているが、皆さんすごいおうちに住んでいる。そしてみんな日本に帰るのがコワイと言っている。

ところでここで知りたいのだが、東京で豪邸に住んでいらっしゃる方々は、いったいどんなことを考えているんだろうか。私のように居心地の悪い思いをしてるんだろうか。お金持ちの知り合いはいないが、誰かにぜひ聞いてみたい。

ゴルストーン

何か祟《たた》りでもあるのだろうか。

バンクーバーは着いて二日後から、長い長い雨に見舞われた。土地の人も、テレビのニュースキャスターも、これは異常気象だと口を揃えて言う。

初心者のへっぽこゴルファーの私は、迷惑のかからないバンクーバーのゴルフ場で、見違えるように腕を磨くという計画をたてていた。しかしこの雨ですべておじゃんである。天気も異常ならば、時差の抜け方も異常。普段だったら三日もあればすっかり現地の時計が身につくのに、一週間たっても昼からうつらうつらしている。

その合い間に夫婦喧嘩ばかりしているのだから困ったものだ。友人夫婦が一緒なので大っぴらに出来ないが、彼らが外出したとたん、ついむらむら、じゃなかった、むかむかが始まる。

楽しみといったら食べることだけ。香港チャイニーズが多いここバンクーバーは、中華料理がかなりのレベルなのだ。ロブスターにソフトシェルといったカナダ料理、お鮨もかなりいける。

意地汚なく毎夜詰め込んでいるうちに、なにやらお腹が張ってきた。便秘にしてはどうもおかしな痛みが始まった。その夜、本を読みながら痛みをやり過ごそうとしたのだがどうもうまくいかない。お風呂に入りあたためてみても痛みはひどくなるばかりで、ついにはベッドでのたうちまわるありさまだ。

覚悟を決める。一緒の家に居る友人夫婦に迷惑をかけたくなかったが、冗談ではなく病院に連れていってもらうしかないだろう。

こうなるとやはり頼りになるのは夫で、這《は》うようにして彼の部屋へ行った。急いで飛び起きてくれた彼は、A氏夫妻のドアを叩く。

「すいません、ちょっと起きてくれませんか」

四年間バンクーバーに赴任していたA氏はさすがであった。ジェネラル・ホスピタルに急ごうと言いながら、和英と英和の辞書をさっと取り上げるのを忘れない。

車で十分、やがて病院の灯が見えてきた。ガードマンのおばさんがアクビしている傍を通り、カウンターの前に立つ。聴診器をさげた若い女が、まずここであれこれ質問する。

「どんな痛みなの」

「えーと、最初は便秘かなアと思ったような痛み」

夫とA氏は必死で辞書を開き、便秘、便秘と単語を探す。

彼女はもどかしくなったのか、平べったい本をざっと広げて私に言った。

「これと思うのを指さしてちょうだい」

そこには日本語と英語の対訳で、「激しい痛み」「重たいぼんやりした痛み」といったいろいろな表現が並んでいる。私は「たえまない苦しい痛み」を選んだ。

この間カウンターの向こう側に立っているのだから、大層つらい。病院に着いたらすぐにベッドに横たわるものという概念は大きく崩れて、その後私が連れていかれたのは、タイプを打つ女の前である。

初診料は百四十ドル、このお金は誰が払うのか。ちゃんと払う能力があるかを質問される。後で人に聞いた話によると、この時支払い能力がないと見なされた人は、診断を拒否されるんだそうだ。

「はい、はい、カードで払いますよ。アメックスもビザもゴールドだから。私、踏み倒したりしないもん。本当だよ」

私はお腹をおさえながら、もうやけになって財布を投げ出した。彼女がカードを処理してくれる間の長かったこと。お腹はもう立っていられないぐらいになっている。

この時K氏が駆けつけてくれた。こちらの企業に勤めていて、大層顔が広いK氏をA

氏が呼んでくれたのである。

「ハヤシさん、この病院は大声で泣き叫ばなきゃダメ。そうしないとどんどん後まわしにされるよ」

K氏が私にアドバイスしてくれた。ベソこそかいたものの、日本女性の美徳を守ろうと歯を喰いしばって耐えていた私はきょとんとする。そしてわざとらしく大声をあげた。

「痛いよー、死ぬよー、こんな人権を無視した病院やだよオー。早く診てくれー」

アドバイスどおり、日本語でわめいたのが効いたのだろうか、やっと病室に入れてくれた。緑色の治療服に着替えるように指示される。アメリカ映画によく出てくる後ろで結ぶやつだ。私はちょっと胸がときめいた。

さっきカウンターにいた若い女性はどうやら看護婦らしく、てきぱきと採血していく。しかし人の腕に注射針を刺し込んだまま、夫を相手にぺちゃくちゃお喋りをするのにはまいった。

「妹はシズオカで英語の教師をしてるのよ。おととしダディと一緒に日本を旅行したの。ダディはね、おスシが大好きになったのよ」

「ひえー、ダディがスシを好きだろうと、そんなの関係ないよ。早くなんとかしてくれー」

私は日本語でわめいた。もう我慢できないよ。

やがて恰幅のいい紳士が入ってきた。

「ハロー、アイ・ム・ドクター○○」

夫に握手を求める。後で夫が打ち明けるには、この場合「ナイス・トゥー・ミート・ユー」と言うべきか、とても悩んだそうである。

夫はドクターに、もしかすると盲腸ではないだろうかと告げた。が、その時、私にひらめくものがあった。

「ちょっと待って。あのね、二年前に人間ドックに入った時、小さな胆石があるって言われたことがある」

「胆石、胆石ね」

夫はまた辞書をめくる。ゴルストーンという名前を私も初めて知った。

ドクター○○は触診した結果、そのゴルストーンが胆嚢《たんのう》にあると結論を下した。

「注射で治ると思うが、何かあったらまた来るように」

ということで、私はお尻に大きな注射をされた。どのくらい眠っただろうか、目を開けると心配そうに見守る夫の顔があった。メロドラマなら手を握り合うようなシーンである。

窓からは嘘みたいなまぶしい朝の光が射し込んでいる。お腹の痛みもすっかり消えた。めでたしめでたしのバンクーバーの朝であった。

あの人は悪魔か

先週号の「週刊文春」のビートたけしのインタビュー記事には笑ってしまった。記事の内容にではなく、取材記者の方の書いた取材後記にである。

インタビューの際、たけしが子分を何人か連れてきた。彼らのために取材者側は、別室をもうけオードブルとビールを用意する。なにせ相手は大スターだから、このくらいの我儘《わがまま》はどうということもない。おまけに本物のたけしは、礼儀正しく実に細やかな心くばりをしてくれる人間だ。

「案外、いい人だったな」

と皆が帰った後、スタッフ側であまったオードブルをつまみ、ひと息ついていた。そこにたけしが再び戻ってきた。バーが満員なのでしばらく居させてくれというのだ。そこでまた始まるなごやかな会話。取材記者は感激する。あのたけしが僕のために時間をさいてくれたのだ。ところがどうだろう、それから何日もしないうちに、彼はテレビでたけしの罵詈雑言《ばりぞうごん》を聞く。

「俺が帰った後、文春の奴らはこぉんな料理並べて、ガバガバ飲んでんだよ、あの野郎！　宴会してんだよ。キャビアとか並べちゃって。その取材費は俺のためだろ、この野郎！」

取材記者は唖然とする。そして、

「この人は、悪魔なんじゃないだろうか」

と書くのだ。

私が笑ってしまったのは、実は私も全く同じめにあっているからである。二年近く前、たけしのトーク番組から出演依頼があった。常日頃からよくサカナにされている身の上でもあるし、私は例のフライデー事件の時、たけしに批判的な文章を書いた。しかし私は、たけしという人とちゃんと会ったことがない。中野翠に相談すると、大のたけしファンである彼女は、

「おもしろいから行きなさいよ」

と勧めてくれた。

「そのかわり、ひとりで行くの嫌だから、一緒についていってよね」

私が頼むと彼女にしては珍しく素直に承諾してくれた。たけしと彼女とは旧知の間柄

である。以前一度飲んだことがあるそうだ。収録が終了した後、中野さんが彼に挨拶すると、たけしはとても嬉しそうに頷き、

「この後、一緒にご飯を食べませんか」

と誘ってくれた。それから後は「週刊文春」のインタビュー時と同じである。彼はとても楽しそうに寛いだ様子をみせ、二時間以上、私たちにさまざまな話をしてくれた。

「ね、たけしっていい人でしょ」

中野さんは得意そうに言ったが、いやいや、まだ安心出来ないぞと、私はその時つぶやいたのを憶えている。

それから二週間もしないうち、「週刊ポスト」にたけしがあの時のことを語っている。

「林真理子は俺がちょっと番組でからかったら、何で私がこんなに馬鹿にされなきゃいけないのと怒り狂った」

「中野翠とかいう評論家もやってきたが、あの女はいけすかねえ」

といった内容だった。こういう二面性は芸能人なら通用するかもしれないが、私たちは蓮舫じゃない。今でこそ笑えるが、私は当然むかっとして中野さんに記事を見せた。

「〝とかいう〟はひどいわよねえ」

唇を嚙んだ後、彼女はぼそっと言ったものだ。

「でも、私はやっぱりたけしが好きなのよ」

その時私は、彼の人気の凄《すご》さ、ある種の不気味さに触れたような気がした。とにかく何をしても許される、何をしても誉められる。本人は思う存分悪戯をしているつもりでも、怖い大人たちは怒るどころか、すぐつくり笑いをする。

「まあ、まあ、元気があっていいわねぇ」

その意味でたけしという人は、ひどく孤独である。誰にでも認められ、誉められるということは、実は誰も理解していないということだ。自分に対する誉め言葉がいつもひどくとんちんかんであることは、もちろん本人がいちばん気づいている。

特に文化人と呼ばれる人々は絶望的だ。例えば彼が初期に書いた本、『たけしくん、ハイ』を、皆が持ち上げた時、ある高名な評論家などは、

「日本文学の新しいかたち」

とまで言い切った。が、最近の小説は知らないが、あの頃の本はたいてい構成者、つまりゴーストライターがいる。たけしはそれを隠す気もないから、〝構成〟というかたちで、井上某という人の名を本に明記している。

この井上某という放送作家も、コラムを書いたりする際、経歴の中で自分の「編著書」(おかしな言い方であるが)として、たけしの本を何冊も挙げているほどだ。あれらの本は確かに面白いいい本であるが、つくるプロセスは、従来のタレント本と同じで

あった。ところが「日本文学のどうたらこうたら」と書く人物が出てきた。たけしとしてはとまどっただろう。なんでこんなおかしなカタチで自分を持ち上げるのだろうと思ったに違いない。

あの評論を読んだ時、一応プロの物書きとして、私も大層嫌な気持ちがしたものである。「冗談じゃないよ。こんなののどこが文学じゃい。トーシロと一緒にして欲しくないよ」

とその時叫べばよかったのだが、もちろん私にはそんな勇気がない。たけしはインタビューの中で言っている。

「文化人と称される人が（『だから私は嫌われる』という本を）あれだけ褒めたりなんかするってことは、その人達の敗北か、堕落なんだって。（中略）『お前みたいな漫才師、黙ってろ。知識っていうものはこういうものだ！』って」

彼は言って欲しいわけである。ところが右を向いても左を向いても、お追従《ついしょう》する文化人ばかりではないか。たけしはいらだっている。そのいらだちを言葉にして挑発すれば、その本は売れ、文化人たちはへらへら誉める。彼の絶望と孤独はいま、ますます深くなっているに違いない。

たけしの映画の話をするはずだったのに、前置きで終わってしまった。来週はその話をしようかナ。

教祖さま

最近私好みのエキサイティングな事件が次々と起こって、興奮の毎日である。大林雅美さんと「幸福の科学」の前には、ソ連問題も総裁選もふっ飛んだ感がある昨今のテレビだ。

何年かに一度、男の人はそう興味を持たないが、女たちがえらくエキサイトしまくる事件が起こる。古いところでは名高達郎さんの婚約破棄事件、山下泰裕さんの結婚、そして今度の雅美さん事件であろう。いわゆる〝女ネタ〟である。

私は八時半になるのを待ち構えて、すぐ10チャンネルにまわす。雅美さんに関してはテレビ朝日が他局をだんぜんひき離しているのだ。ちょうど出社する夫は、テレビにかじりつく私を見て、

「何が面白いわけ。全く、こういうのを喜ぶ君にはついていけないよ」

と軽蔑のひと言を必ず漏らす。おそらく多くの家庭で、似たような情景が毎朝繰りひろげられているに違いない。

どうして女たちはこれほど雅美さんに夢中になり、怒り、嫌悪をあらわにするんだろうか。それは彼女が、スタートラインは人生に幾つもある、ということを女たちに教えてしまったからである。

普通女たちは結婚する時がスタートラインだ。ゴールはわずか五メートル先である。子どもを産み、マイホームでも建ったらめっけもの。女はそこで満足し、同時にあきらめなくてはいけないことになっている。もちろんたまには不倫する楽しみを知っている女もいるが、ほとんどはせっかくのゴールでのテープを破らない程度にとどめておく。中には勇ましい女性がいて、別の男と別のスタートラインに立とうというのも出てくるが、中年の女の場合、新しい男は亭主よりも落ちるというのは常識だ。若いと思えばお金がなかったり、やさしいと思えばやたら頼りない。

しかし雅美さんは違っていた。結婚生活を続けながら、自らの手でいくつものスタートラインの白線をひいた。新しい恋をするための、新しい男の人を見つけるためのヨーイ・ドン。

そして一緒に走り出した男は、上原謙さんよりずっと若く（あたり前か）、ずっとお金持ち。

今までスタートラインのあたりで、さっそうとウォーミングアップしていられたのは若い女性の特権だった。ところが雅美さんは二人の子どももいて、四十代という年齢でありながら、らくらくとこれをなしとげてしまったわけだ。

女たち、特に同年代の女たちはこれが口惜しくて仕方ない。こんなことが許されるならば、自分たちが後生守っているものはどうしたらいいんだ。だから「女のクズ」「二号根性」などと激昂する言葉が飛び出す。

しかしこういう女たちに同調して、テレビでわいわいがやがやっている人たちの見苦しいことといったらどうだろう。

フジTVに某脚本家が出てきて、

「このあいだ雅美さんに会ったら、こんなことを喋ってました」

と、ぺらぺらバラすではないか。彼は確か、ワイドショーの始まる直前に放映している某国民的連続ドラマを、体調を悪くして降りたはずである。

「あんなつまんないドラマを見せた直後、他局に堂々と出るなっていうんだよ。おまけに親しいと思って、他人が打ち明けたことを、さも得意そうにテレビで喋ったりして、もう、腹が立つ」

私は決して雅美さんの味方をするわけではないが、もう結論の出ていることを「女がめちゃくちゃやっている」と、コメンテイターたるものほじくり出して繰り返したって仕方ないではないか。特に昼の奥さま番組に出ている女たちの、まあ能がなくてつまらないこと。

などというようなことを、男の人相手に話しても全く通じない。この国では、朝のワイドショーおよび三時からの番組を見ている人と、見ていない人との溝は相当に深いのだ。

例外的に雅美さん事件に関心を示す男たちといったら、文藝春秋の人たちであろうか。私もよく知っている編集者三人は、なんと彼女と同じマンションに住んでいるのだ。もちろんかつての豪華マンションではなく、零落して（失礼！）移り住んだ普通のマンションだ。とてもいいところだそうで、一人が住んだ後、社内の他の二人を誘った。現在文春の社員が三世帯住んでいる。かつての私の担当者イイクボ青年もそのひとりで、

「エレベーターの中で雅美さんと会った」

と皆に自慢しているそうだ。ところが現在の担当ニシカワ青年がおととい見学に行ったところ、それは嘘だということが判明した。

「雅美さんの部屋は一階ですから、エレベーターの中で会うはずがありません」

こんなことを言って喜んでいる私たちというのは、なんて下品なんだろうか。

「幸福の科学」の方々が言う、下劣なマスコミの中に入るんだろうか。

それにしても指導霊というのはすごい。あの知的でクールだった小川知子さんの形相

を突然変えてしまうんだから。中野翠は小川知子さんをこそ教祖にと書いているが、いまひとつカリスマ性に欠けるという声もある。

決しておちゃらかしや冗談ではなくて、現代の有名人の中、教祖たるに十分なカリスマ性と同時にアブナさを持っているのは、ビートたけしを除いて他にいないんではないだろうか。

前回彼の映画について話そうとしたのに、面白いことがやたら起こってそちらに目がいってしまった。

しかし『あの夏、いちばん静かな海。』はとてもよかった。今までバイオレンスを撮っていて、三作目が純愛とは。しかも聴覚障害者、つまり聴こえない、話せない人たちを主人公にするなんて、あまりにも意図がミエミエ、あざといじゃないか、またトンチンカンな文化人を煙に巻こうとしてるんだろうと、半分鼻白んで見たのだが、すぐにひき込まれた。主役の二人がたまらなくいじらしく、はかなく綺麗で、胸がいっぱいになってきた。ひとつ大きな欠点は、真木蔵人がカッコよすぎる。Tシャツとジーンズがさまになっていて、あれじゃ清掃作業員というより、アメリカンスクール出身のミュージシャンだ。けれど北野監督がなみなみならぬ才能だということは確かにわかった。昔、景山民夫さんが「フルハム三浦」という名で、彼のおとりまきだったのもむべなるかな。

おたくの純情

私ってつくづく損をしているなァと思う時がある。例えば地方の食べ物屋さんなどに行くと、おばさんがにこにこと挨拶に来る。そして五回に一度ぐらいの確率でこう言うのだ。

「いつもテレビ見てますよ」

言っちゃナンだが、この五年間、私は自分の意志でテレビに出たことなど数回もない。歯の矯正を始めたこの一年間は皆無だ。勝手にテレビ局の人が来て、うちの前や空港で撮られる以外は、ブラウン管に出たことは全くないはずだ。

それなのにテレビでキャッキャやっている物書きの代表として、いつも矢おもてに立たされる私。

評論家のおじさんたちにはあれこれ言われ、しょっちゅうたとえに出される。他にクイズ番組にレギュラーで出たり、CMでがっぽり稼いでいる物書きがいっぱいいるのに、うちでおとなしくしている私がなぜと涙にくれる。

自慢じゃないが六本木なんか半年に一回行くか行かないかだ。それなのにインタビューの時に必ず聞かれる。

「よくお飲みになるんでしょう。毎晩おつき合いで大変でしょう」

本当にイメージというのは怖いワ、というといつもの愚痴で恐縮なのであるが、最近私は自分の生活についてよく考える。そして〝おたく化〟というのはこういうことではないかと、密かに怖れたり、楽しんだりしているのである。

〝おたく〟というのは言うまでもなく、例のM事件によって脚光を浴びた言葉だ。私は見たことがないが、幕張メッセなどで開かれる、漫画同人誌の売買をするコミックマーケットというのは、異様な雰囲気なのだそうだ。おめあてのコミック同人誌に群がる青年たちが、相手のことを〝おたく〟と呼ぶことから、〝おたく族〟の名は付いた。命名は中森明夫氏である。

人づきあいが悪く家の中に閉じこもってばかりいる、ビデオや漫画といったものに対し、度を越してマニアックである……などというようなことが特徴らしい。

私がマニアックになるには、根性と集中力というものが欠落しているが、その他はたいていあてはまる。夕飯のおかずを買いに近所の商店街へ行くぐらいで、後はほとんど外に出ない。ビデオが大好き、さまざまなゴシップに関してかなりの熱意と知識を持っている、というところも共通しているだろう。

〝おたく〟をさらに拡大解釈すると、ものごとに強い執着をみせることも、そう呼ぶかもしれない。

たとえば夫は自称〝バハラおたく〟である。秋葉原へ行き、あれこれ店を覗《のぞ》くのを無上の喜びとしているようだ。

さて、先週号で大林雅美さんのマンションを見学しに出かけたニシカワ青年のことをお話ししたと思う。

このニシカワ青年と連休、楽しい旅行に出かけた。おめあてはゴルフで、行く先は佐賀の名門コースである。その夜は案内してくださった方とおいしい食事となった。こういう時、講演慣れしている私は、つい公式質問的口調になる。

「佐賀の生んだ有名人っていうのは、どなたがいらっしゃるんですか」

「作家の北方謙三さん、あとは村田英雄さん。それから今売れっこの牧瀬里穂さんも佐賀の出身ですな」

その時、お酒に酔ってほとんど居眠りしていたニシカワ青年が、ガバッという勢いで身を起こした。

「あの、僕、牧瀬里穂の大ファンなんです、彼女の実家は佐賀にあるんですかッ」

「ええ、ここからは遠いですけど」

「僕はどんなことをしても見たい、行きたい。僕は好きな人の家っていうのは、絶対に見なくちゃ気がすまないんです」

なんとこのニシカワ青年は〝おうちおたく〟だったのである。明日はもう帰らなくてはならないからと、さんざん宥《なだ》めすかしてホテルへ帰ったのであるが、あのままだとタクシーを飛ばしかねない勢いであった。

ところで佐賀には空港がない。福岡か長崎の空港を使わなくてはならないのであるが、私たちは福岡から乗った。三枚の二階席のチケット、彼に渡した一枚は通路をへだてて私の隣りだ。

「ハヤシさん、ちょっと見てください」

席に座るなり興奮して新聞を差し出す。

「今日、ビートたけしの番組で宅八郎の『おたく訪問』をするんですよ。僕、絶対に見なくっちゃ」

彼は〝おたく族〟の教祖、宅八郎氏の大ファンなんだそうだ。

「すごいうちなんだろうなァ。きっとリカちゃん人形なんかいっぱいあるんだろうなァ」

やたら感心している。

「ハヤシさんも絶対に見なくっちゃ。これは見逃せませんよ」

その時彼の隣り、窓際に座っていた女の子が、私に気づきにっこり微笑みながら会釈する。眼鏡をかけた小柄な女の子だが、さらさらとした髪が長くて、すごく可愛い。

「あの、はじめまして。私、牧瀬と申します」

なんと佐賀の実家から帰る途中の、牧瀬里穂さんの本物だったのだ！　昨夜家を見たいと息まいていたニシカワ青年は、わなわなとしばらく声が出ない。自分の幸運がすぐには信じられない様子だ。

その夜帰ってから、私はさっそく宅八郎氏の『おたく訪問』を見た。非常に面白かった。今まで書いたものしか拝見したことがなかったが、宅さんってなんてサービス精神旺盛ないい人なんだろう。あるアイドルを好きになると、徹底してポスターや人形を集める様子は、男のまことというものだ。

などということをニシカワ青年と話そうとしたのに、あの夜は気がたかぶった疲れから、帰るなり寝てしまったんだそうだ。

「なんだか目の前にぼうっと霞《かすみ》がかかったようでまだ消えません。夢じゃないかなァと思ったりもするんですけど、確かに僕は里穂ちゃんの隣りに座ってお話ししたんですよねえ……」

宅八郎氏といい、ニシカワ青年といい、今日びの若いのは本当に純情だということを発見した。〝おたく〟も純情もうちの中で育成される。みんなあんまり外遊びしなくなっているのかな。

幼なじみ

「銀座百点」に由良三郎さんが、とても素敵なエッセイを書いておられる。

この由良さんという方、私は推理作家だと思っていたのであるが、もうひとつ肩書があり、東大名誉教授をしておられるそうだ。

さて由良さんは銀座の小間物屋の次男坊としてお生まれになった。あたりは芸者さんの置屋が続き、昭和初めの銀座はそれこそしっとりした静かな街だったという。紙芝居がやってくる。飴を買えなくてただ見をする子どもに、あぐちゃんという女の子がいた。あぐちゃんは貧乏な職人の子どもなので飴を買えない。いつもはなを垂らし、年がら年じゅう同じつんつるてんのセーターを着ている。ある時彼女の父親が珍しくおもちゃを買ってやった。あぐちゃんは大喜びでそれを見せびらかし、由良少年は貸してもらっているうちに、いじくり壊してしまう。あぐちゃんは泣き出し、近くにいた芸者さんがかんかんに怒りだす。

「あぐちゃんはたまに買ってもらうおもちゃなのよ。可哀相じゃないの」

やんちゃな由良少年は、謝らずにアカンベーして逃げ帰るのだが、子ども心に気になって仕方ない。ずうっと悪いことをしたと思い続ける。

しばらくたって一高生になった由良青年にお姉さんが言う。

「あぐちゃんが銀座の天國《てんくに》の食堂で働いてるわよ」

見に行ってみるとあのはな垂らしのあぐちゃんは、目も覚めるような美しい娘になっているではないか。そして次に再会するのは数年後だ。東大医学部の学生になっていた由良青年は、彼女が食堂ではなく、二階の座敷で仲居になっているのを知る。もはや一杯五十銭の天丼ではないので、大変な無理算段をするのだが、その座敷に通うようになる。

「これ以上は申し上げなくてもお察しいただけるだろう。その〝あぐちゃん〟こそ、今から数年後に金婚式を迎えようという、わが家の老妻なのである」

と照れくさそうな言葉で締めくくられているが、私はこのエッセイを十度読み返し、最初の二回はすんでのところで涙が出てくるところだった。

いいなあ、こういうの。新派の舞台設定の中で繰りひろげられる、美しいおとぎ話をみているようだ。ラブストーリーの中でも、極めつきは、幼なじみの恋だと思うのは私だけだろうか。清潔でいじらしくって、青春を共にしたという一体感。これは他にはないものだ。よく小説のテーマにもなる。

『赤毛のアン』があれほど女の子に受け入れられるのは、ギルバートという幼なじみの男と結ばれるからである。幼なじみと結ばれるというのは、あるがままの自分を受け入れてくれ、それを愛してもらえるということだ。女の場合で言えば、子どもの頃から知っている男と結ばれるほどの、ナルシシズムの完結はないはずだ。自分は変わらなくてもいい、都会に出て背伸びをしなくてもいい。自然のままの自分を、とことん肯定してくれる男がいるという幸せ。

実は私もこの幼なじみ結婚というのにずっと憧れていた。しかし友人に言わせると、

「そういう感情が芽ばえるのは、せいぜい中学校からの同級生よね。小学校だと教室でおもらししたことを思い出したりするから、まるっきりその気になれない」

のだそうだ。私はたとえおもらしをしても、サナギが蝶《ちょう》になってくれればいいと思うのだが、そううまくことは運ばない。過去を振り返ると、将来モノになりそうな男の子は、小さな時からやはりリハツだ。おもらしをするようなコは、やはりそれだけの男のコだった。

ところで幼なじみというにはややひねているが、高校時代の同級生という関係がある。これは今考えてみると随分惜しいことをした。男の子の方がひよわでチビの中学校時代

に比べ、高校になると顔つき、骨格も整ってきてほぼ大人に近づいてくる。頭や性格も八割がた出来上がりだ。この時に唾《つば》をつけておいた友人は賢い。

私たちの世代というのは、統計的に見ても同級生結婚が非常に多いのだそうだ。私は男と女の比率が三対一の学校に通っていた。そのせいか同級生で結婚した人たちがやたらいて、若い時はそれがどれほど羨ましかっただろう。よく結婚式に呼ばれると、たいしてさえなかった男の子が、パリッとした一流企業のサラリーマンになっている。姿も汚ない学生服を着ていた時とは段違い。自分はどこに目をつけていたのだろうと、そりゃあ口惜しかったものだ。

しかしよく考えてみると、彼とは一度も同じクラスにはならなかった。受験体制が強化されつつあった田舎の進学校では、当時成績別にクラスをつくるというイヤらしいことをしていたのである。エリートクラスの方々とは校舎も別であった。こういう状態では、女の子とは仲よくなれても、男子生徒とは没交渉である。成績と男の子の魅力とは全く無関係というのはキレイごとで、やはり別棟の校舎に、スポーツも出来て成績も上位という男の子がひしめいていたと記憶している。

十年ののち、私はその中のひとりと不思議な再会をするのだ。ある時私は友人から新興宗教の教会に行こうと誘われた。そして面白半分に入会し（私の、時代を先取りしていたことといったらどうだろう！）しょっちゅう教会にたむろしていた頃、私は一人の男性を紹介された。

「彼は山梨の出身ですよ」

「へえーっ、高校はどこですか」

という話を始めたら、なんと同じ高校を同じ年度に卒業している。つまり同級生だったのだ。といっても別棟にいた彼とは全く面識がない。東大を出て、某電器メーカーに勤めていた彼は、この宗教によって救われたと何度も言ったものだ。神経質で甘いマスクは私の好み。セカンドチャンスと思っても、誰が咎《とが》めることが出来よう。が、もちろんうまくいかず、このことをヒントに私はのちに宗教に走った女の子の小説を書く。

今彼は希望どおり宣教師になっているんだろうか。幼なじみから話がとんだ。けれども、私たち同級生はいつも異性のクラスメイトの人生を気にかけている。それが結婚なんてものにいきつかなくてもだ。

「若い人」

手に汗握る総裁選であるが、この原稿を書いている時点では、宮沢さんが当確を言われている。

私はぜひ宮沢さんになっていただきたい。なぜなら、あちらはご存知ないだろうが、私は宮沢さんのご近所なのだ。通り一つ向こうが宮沢さんちで、あちらの裏庭の入口が、うちのマンションと向かい合っているという関係である。

これは人から聞いた話であるが、総理大臣が出るとそこの地価は上がるのだそうだ。それより何より警備の人が増えて、あたりの治安もよくなる、違法駐車もなくなると、いいことずくめ。

私はもし宮沢さんが総理に決定した時は、おうちを見に行こうと決めている。新聞社の黒塗りのハイヤーがずらっと並び、記者の方たちがいっぱい。私はこういう〝ハレの日〟といおうか、緊迫した雰囲気が大好きなのである。

それにしても雨がよく降る。昔だったらこの雨、天保の大飢饉といわれるようなものになったのではないだろうか。秋の収穫のさ中、毎日どしゃぶりの雨だなんて、自然というのはなんとむごいことをするのだろう。

この雨の中、宮沢さんの家に入る脇道で傘をさしてずっと佇んでいる少女たちがいる。ずっと以前、やはり宮沢さんが渦中の人だった時、ある新聞記者が非常に驚いたそうだ。

「宮沢さんというのは、こんな女の子にまで人気があるのか！」

しかし種明かしすると、この少女たちは、近くのアイドル合宿所がおめあてのグルーピーたちだ。アイドルの大半はもう他の所へ引越したようだが、若いこれからの人気者は何人か残っている様子である。

暑い夏の最中も、こんな雨の日も、女の子たちは二、三人連れだってじっと待っている。

「今日びの若い人っていうのは、案外根気があるわよねえ」

と通り過ぎながらふと思った。私はいったいいつから「今日びの若い人」などと言うようになったんだろう。いったい人というのはいつ頃から、その場所を譲り渡そうとするんだろうか。

テレビを見ているとき時々悲しくなることがある。かつて若者文化のコメンテイターとして、世の中に出てきた人たちの若づくりが、あまりにもすごいからだ。四十過ぎても男は髪を刈り上げているし、女はリボンをつけている。

似合っていればもちろん何も言うことはないのだが、顔はしっかり老けているので、若すぎる服や物言いはあまりにも痛々しい。

私だけはあんなことをすまいと思っているのだが、最近読者からの手紙に、私の年齢を知って驚いたというのが本当に増えているのだ。

「ハヤシさんの年齢が、私より三つぐらい上だと思っていたのに、生年月日を聞いてひっくり返っちゃいました」

などというのを読むと苦笑いしてしまう。これは別に私が若々しく見えるからではなく、

「人はいちばんインパクトがある時のままイメージが止まる」

という大原則によるものであろう。

読者にとって、私はどうも十年前の『ルンルンを買っておうちに帰ろう』を書いた時から、まるっきり成長していないらしい。

けれども私は確実に変わりつつある。顔も体型も変わったが、いちばん大きく変わったのは以前のようにガツガツしなくなった精神面であろう。

「どうぞ、若い方たちだけで楽しんできてください」

「私がいない方が気がねしなくていいでしょう、遠慮するわ」
などというフレーズが自然と出てくるようになった。我儘《わがまま》で自分が無視されようものなら猛り狂った私は、いったいどこへいってしまったんだろう。

身近なことだけではない。街も、もう若い人たちのものだと本当に思うようになっているる。だから映画館が混んでいても、車の割り込みをされてもほとんど腹が立たないのである。

人というのは、二十三、四の頃から急に自分を卑下し始める傾向があるようだ。

「私なんて、もう年だから」

などと言葉の遊びをすると、すぐ反射的に否定の言葉が返ってくる。

「どうしてあなたが年なのよ。冗談じゃないわ」

叱責は発言者が若ければ若いほど激しくて、それはそれでとても快い。おかげで特に女性は、「私なんか」という言葉が大好きになり、かなり長い間友人とするようだ。二十六、七ならこのフレーズを言っても人は叱ってくれる。しかし三十を過ぎたあたりから、相手の反応は次第に弱々しくなっていくようだ。

「またァ……」とか、「やだわァ」などと語尾が消えるのも特徴である。三十五過ぎると相手は笑ったきり何も言わない。こうなると女は本当におっかなくなって口をつぐむようだ。微妙な年齢なのである。

この三十五の坂を過ぎると、無我の境地といおうか、自然にやさしい言葉が出てくるようになる。

「どうぞ若い方たちだけで」

というのがすらっと言えたら、それはとてもいいことである。

もう若い女の子たちと張り合うこともない。

もちろんもともと競争相手にはしてもらえなかったのだろうが、例えばトイレで化粧に余念がない女の子たちを見ると私はむしろ微笑ましくなってくる。

「どうぞこの場所はお譲りしますよ。私は私で別の楽しい場所があるもんねえ」

という気持ちはなんか宗教に近いものではないだろうか。

おまけに世の中よくしたもので、年をとったら年をとったで、私なんかも「若い人」の中に入れてくれるところが必ず出てくるから面白い。そこでまた年をとると、もっと別のところへジャンプ。

「若い人」に入れてくれる場所というのは一段前よりも努力しなければならないところだが、それがいい。

しかしこの究極のカタチが政治なんだろうな。なにしろ五十近い小沢さんが「若い人」なんだもんなァ。

骨

最近、口喧嘩といおうか、論争といおうか、意見のぶつかり合いが少しも起こらないからつまらない。

どの話題をとっても「意見多数にて落着」という感じなのだ。

大林雅美さんはすごくいけない女の人だし、宮沢りえちゃんのヌードは文句なしに綺麗。時代は変わってくるんだから、新聞広告に出たっていいじゃないの。

紀子さまのご出産は、もちろんケチのつけようがないことなのであるが、ひとりぐらいは、

「なんだか皇太子さまがおかわいそう」

ぐらいのことを言ってもいいのではないだろうか。

個性の時代といいながら、女性の美しさも、とにかくやたら意見が一致する世の中だ。

私の若い頃はそれでもふっくらしたのがいいとか、安産体型がいいという声もあったのだが、近頃はとんと聞こえてこない。

女はひたすら瘦《や》せてダイエットすることが、イコール美しいと皆が信じている今日この頃である。私のところへはファンレターの類がよく届けられるが、中には何ていおうか、ちょっと屈折していて、素直に（私好みに）こちらを誉めてくれないものが混じっている。

「マリコさん、大好き」

なんて無邪気に書いてくれればいいのに、どこかやたらエラそうなのだ。

「私はあなたが嫌いで、あなたが雑誌に出て恋愛のことなんかインタビューされているたびに、どうしてこんなデブにお説教されなくちゃいけないんだろうと思ってました」

はい、はい、すいませんねえ。

「ですが、このあいだ『アンアン』を見ていたら、見違えるように瘦せてすっきりしたあなたが出ていたので、本を一冊ぐらい読んでもいいかなあと思い、試しに買ってみたらすごく面白くて……」

申しわけないが、彼女が見た雑誌は古いものだったらしくて、私は昨年より十キロ近く太って元の木阿弥というやつなのだ。しかし私はよおくわかった。太っているというのは、それだけで女たちの憎悪をかうものらしい。デブということだけで本に触れてもくれない女の子がいるのなら、これは営業上の由々しき問題である。

などということを考えていた時、NHKで興味深い番組を放映していた。「それでもあなたは痩せたいですか」というテーマで、ダイエットについての検証である。

女子大生が食べているものが次々と並べられる。一日にグレープフルーツ一箇、クネッケが六枚という人がいた。皆が食事をしているレストランで、ミネラルウォーターだけ飲んでいる人もいる。どの女の子も、骨が出て頰に線が走っている。中年の女のような斜めの線が、二十歳そこそこの女の子にあるのだ。

「力がなくて、朝布団から起き上がることが出来ず、母親を呼んだこともあった」

と信じられないような話が続く。

それよりも私を驚かせたのは、こういう無理な食生活をしている若者の骨は、透けて見えるほど中身がないことで、彼らは非常に骨折しやすいそうだ。将来老いた時に大変なことになるのではないかという警告には思わず背筋がぞっとした。

この番組を見た後で、たまたま若い編集者と一緒に取材旅行をしたのであるが、この男の子が典型的な今どきの男の子。身長百八十センチで、体重は五十三キロだという。ひょろっと高くて、やや前かがみ、吉田栄作風のヘアの彼は、街でよく見かけるいかにも身の詰まっていない体型だ。蟹《かに》を勢いよくつかんだのであるが、中身がすかすかだということはよくある。彼の体つきを見ていると、あの腹立たしさを感じてしまうのだ。

朝食の時も彼はコーヒーだけ。

「朝はほとんど食べません」

昼も夜もあまり口にしない。若い人にありがちなおかしな箸《はし》の持ち方で、いかにもぎこちなく、つまらなそうに食べ物を口に運ぶ。それを見ると、私はつい声を荒らげてしまうのだ。

「もっとたくさん食べなさいよ。全く日本の将来はどうなるのかしらね、あなたみたいなコばっかりで」

頭はいいし、性格もいい男の子なのに、見ているこちらの方がハラハラするような線の細さなのである。

私は本当に日本の未来を憂えた。

日本の凋落《ちょうらく》というのは、骨から始まっていくに違いない。すぐポキポキと折れる、かぼそい男女ばかりでこの国はどうなっていくのだろう。

その時、しっかりと食べ続けた骨太の私は、元気よく若い者を嘲《あざけ》ってやろう。

「わーい、わーい、ちょっと見を気にして食べなかった罰だぁーい」

しかしその時が来たら、私は本当にアカンベーが出来る身の上なのだろうか。人間の体というのはよくしたもので、若い時の肥満はただのデブ。美容上以外にあまり問題はない、しかし中年になると、ただちに成人病につながる。

胆石と診断された私は、

「なるほど皆が痩せなさい、時間がたつと大変なことになると言っていたのはこういうことだったのか」

としみじみ感心している最中である。

他人の痩せ過ぎを注意するなどというのは、それこそあの手紙の女の子が言うとおり、

「どうしてこんなデブにお説教されなくちゃいけないのだろう」

というものであろう。

ところで、骨といえば最近あるニュースがちょっとした話題になっている。

遺灰を海や思い出の土地に撒く自由を認めろというのだ。私自身の感覚からいえば、太平洋の真中で撒くのはいいが、そこらの沼や丘でやられるのはたまらない。死んだ人の骨の粉は、土の中にもぐり込み、私たちの食べ物の中に入ってくるような気がするのだ。新聞で見る限りは賛成派が多かったが、これもそのうち「多数決につき一件落着」になるんじゃないだろうか。

それにしてもこの頃「すぐ眉をひそめる」頑固親父とか良識派はどこへいったんだ。新聞の投書欄を見るとかろうじて「七十四歳　元高校校長」などという方々が生息してらっしゃるが、非常にかぼそいもので、もはや消えつつある。こんなことを言っては時代遅れになるかもしれない怖れが、絶対多数を生み出しているようだ。みんな骨がないぞ。

ナチュラルストッキング

ご存知のように先日韓国へ行き、金賢姫《キムヒョンヒ》さんと会ってきた。おかげでここのところ会う人ごとにいろんな質問をされる。

「ねえ、ねえ、どんな女の人だった」

「普通のおとなしい女の子だったよ。ただ顔がデカかった」

というと、みんな「ふうーん」とつまらなそうな顔をする。もっとエキセントリックで、不敵な面構えの女性を期待しているようなのだ。

金賢姫さんももちろん興味深かったが、それと同じぐらい私の目をひくのは、ソウルの女性たちだ。世界のどこへ行っても、私はすぐに同性の表情やファッションを見る。世界中いろんなところへ行き、いろんな女の子を見るのはまことに楽しい。

七年前にベトナムの女の子たちを見た時はびっくりしたなあ。サイゴンの話であるが、みんな起きたての格好をして街を歩いているのだ。どういうスタイルかというと、パジャマを着、髪にはカーラーをくっつけている。パジャマというのはおそらくアメリカか日本製のものだろうが、花模様でコットンのものが多い。上着とズボンから成り立っている。アオザイ姿に慣れている女性たちは、物資のない折なんの抵抗もなく取り入れたに違いない。

私たちからみればパジャマだが、彼女たちにしてみると上質の木綿で出来た可愛いパンツスーツなのだ。カーラーの方もピンクや水色で、髪につければアクセサリーになる。本当に場所が変わると、服飾本来の目的も変わるものだなあと、私はつくづく感心して眺めたものだ。

同じアジアでも、ベトナムよりははるかに豊かでエネルギッシュな国韓国は、大都市ソウルを見る限り、ほとんど女性の服装が日本と同じ。しかし微妙なところが違っていて、その微妙なところがとても面白い。やたら過剰なのだ。例えば私が会ったある女性は、日本の大学に留学したインテリで、しかも若くて美人。ファッションモデルばりの容姿をしている。向かい合って食事をしている分には、日本の女性と喋《しゃべ》っているようだ。

しかし彼女が立ち上がった時、私はかなり意表をつかれた。普通のスーツを着ているのだが、彼女のストッキングは黒のバラ模様、しかもほんのりラメが入っているのだ。最近私が発見したことのひとつであるが、女性の服装の差異というのは、からだの両極に顕著に表れる。どういうことかというと、服装そのものよりも、ヘアスタイルと足元あたりに、住んでいる地域の特色がはっきり出ているのだ。

昨日から大阪に来ているが、地下鉄に乗っても、デパートやホテルに行っても女の子たちは非常に綺麗でかわゆい。ハキハキした物言いの大阪の女の子は、もとより私の好みであるが、今回私はあることに気づいた。

ストッキングが東京とまるっきり違うじゃないか！

東京はカラータイツが流行っている。濃い色で厚めのタイツとスカートの色のつり合いを考え、カジュアルに着こなす女の子が多い。しかし大阪の女の子は、まるで大阪市条例で決められているかのように肌色のストッキングなのだ。これはよく観察してみると、派手な色のハイヒールを履くためと、女らしさを強調したいためかと思われる。大阪の女の子は概して髪が長く、どちらかというとボディコンのなごりのある服が好きなようだ。こういうファッションに、やはりタイツは似合わない。

同じ日本でも新幹線でちょっと飛ばすと、これぐらいの違いがある。日本は本当に面白いなァということを、私はその夜、M子センセイにお話しした。

M子センセイは、大阪にいる私の知人の妹さんで、お会いしたのは初めてなのだが、いやあ気が合うこと、楽しかったこと。私よりひとつ年下の女医さんである。彼女はその夜、どんとてっちりをご馳走《ちそう》してくださったのだ。

初フグのおいしかったことといったらない。お刺身、鍋とすすむうちに、M子センセイの話は、次第に漫才のようになっていった。自分でとぼけたことを言っては、

「何言わすねん」

とこける。関西のお笑いさんたちがよくやる手であるが、これほど普通の人たちの間にも浸透しているとは……。

M子センセイのご主人は、同じようにお医者さんだが、ものすごいハンサムなのだそうだ。お見合いの時、仲人さんが、

「それでは若い方お二人で……」

と言われたとたん、からだが勝手に動き、ものすごい勢いで反射的にガバッと立ち上がったという。

「そしたら横にいたおカアちゃんが、私の服の裾《すそ》をぐっとひっぱって、『あんた、ちょっと待ちィ、そんなにあせりなやァ』と叱られてしまった」

お見合いした二十日後に結婚式をしたというのだからすごい話だ。

「親が天中殺に凝《こ》っていて、月が替わると大変なことになるというからなァ」

M子センセイは澄ました顔だ。

この後、新地のクラブへ連れていってもらった。

こんな高級クラブへ来るのは二回目ぐらいである。女の人たちはほとんど高級呉服で、

スーツ姿の女性はもちろんナチュラルストッキング。

丸顔のママが私の顔を見て不思議そう。

「えーと、この方は……」

友人が私の名を告げると、

「そう、ハヤシさんよね。もちろんよおく知ってますよ」

えらく調子のいいところが大阪的で、私は好きだ。しかし、彼女は私が何の仕事をしているか全く知らないことがすぐにわかった。

お酒に酔って新地の路地をゆっくり歩く。本当にみんなナチュラルストッキング。しかし一人だけチェックのスカートに黒タイツの女の子を発見。

「やーね、そうじゃないったら」

どうも東京もんらしい。東京の女の子がここでだけは異邦人に見える。

女の業界

いやぁ、先週号の宮沢りえちゃんの裸は綺麗でしたねえ。新聞のモノクロ写真で観た時にはそれほどの興味はなかったのであるが、色つき写真だと息を呑むような美しさ。「眼福、眼福」という古めかしい言葉をつぶやいている私であった。

さて、りえちゃんの裸とは全く関係ないが、最近女たちは固い方、固い方へと向かっているような気がして仕方ない。

先日新聞に、防衛大学校入試の女子の枠が、なんと五十四倍という高倍率になったという記事が出ていた。

「女性も男性と同じように働ける職場だから」

という受験生のコメントを流したテレビもあるが、私はこうしたタテマエの裏に、もっとミーハーチックな本音があると睨《にら》んでいる。

この数年、女の子はみんな綺麗でおしゃれになっている。ヘタをすれば、この綺麗大群の中に埋もれてしまう、目立たなくなってしまうのではないかという不安はたいていの女の子が持っているはずだ。

しかしまわりを見渡してみると、穴場がいくつかある。知性と男性的思考が重要とされていた職場は、美しさの競争率がとても低いのだ。ちょっとおしゃれをすればファッショナブル、マニキュアをすれば異色と呼ばれる業界というのは今なおかなりの数存在している。

この一、二年のテレビドラマの女性主人公は、そういう女たちの志向を如実に代弁しているようだ。女性弁護士、女性検事、女性警部、女性の法医学者……などなど。

こういうドラマは、セレモニー的に次なる場面が設定される。職場の若い男（紆余曲折を経て、後にヒロインの恋人になる）が、もうじき職場に女性エリートが来ると聞かされる。

「てやんでぇ、女なんかに来られてたまるか。どうせ眼鏡をかけた不細工なのだろう」

などと飲んだくれていると、目の前にすんごい美女が現れる。当然のことながらちょっかいを出す。横つらをはりたおされる。そして次の日、挨拶《あいさつ》をする女性を見て、彼は叫ぶ。

「あ、君は昨夜の」

このワンパターンの場面は、なんだかよくわからないが水戸黄門のような魅力を持つ。女として見るたびに気分がいいのだ。私も出来ることなら人生やり直したい。宮沢りえちゃんのような美しい容姿を持てるはずもないのだから、うんと勉強して東大へ行き、女が極端に少ない場所に行きたかった。

防衛大をめざす女の子の中にも、こうした気分はきっとあるはずだ。映画『トップガン』の女性教官に憧《あこが》れた人もいるに違いない。

そりゃあいろいろ苦労はあるだろうが、やっぱりいいよなあ、得だよなあ。

私の仲よしでオオタさんという女性のキャリアの官僚がいる。お互いの夫も認めていることであるが、私と彼女は、顔がとてもよく似ている。あちらの方がずっとスタイルがいいが、背が高くて大柄なところも同じだ。

喋り方もそっくりだと言われ、二人でいるとたいてい「姉妹ですね」といわれる。「双児ですか」と聞かれたことも少なくない。

ところが、ところがである。私と双児じゃないかといわれる彼女は「美人高級官僚」という形容詞が必ずつく。「ミス霞が関」と呼ぶマスコミもある。これってすごい不公平ではないだろうか。

おとといい彼女とおとりまきのおじさんたちと飲んだ。オオタさんは酔うとますますお喋りに、我儘になる。

しかし、おじさんたちは目を細めている。我儘というところが何とも可愛いんだそうだ。

私が喋り続けると、いつもまわりから「うるさい！」と怒鳴られるが、彼女の場合は、「オオタさんは、本当にお茶目で楽しいんだから」とみんなニコニコしている。そのうえオオタさんはすごくおしゃれだと口々に誉めそやす。

彼女はちょっとイヤらしい話が好きだが、

「気さくでさばけてるよね。彼女みたいな人が、本当に頭がいいんだろうなあ」

人々は感心する。

確かに彼女はチャーミングで、本当に素敵な女性だ。なにしろ私にそっくりなんだもん。しかし私は彼女の百分の一ほどの待遇もうけたことがない。美人作家なんて誰ひとりとして言ってはくれない。

そりゃあ彼女と私の頭の出来は違うかもしれないが、これほど差がつくものだろうか。その夜、オオタさんと同じぐらいおじさんたちの人気を集めていたのが、オクタニさんであった。

オクタニさんも私と大の仲よしで、会社を経営している。彼女こそ恵まれた環境にいる。おそらくこの日本において、女性の少なさでは五本の指に入るであろう場所、経済同友会のアイドルと呼ばれているのだ。

「色っぽい、可愛い」

とおじさんたちは言うが、私はフツウの年増だと思う。

彼女は昔、昔、ＪＡＬのスチュワーデスをしていたのだそうだ。その頃のスチュワーデスというと、文字どおり才色兼備の集まりだったという。

「だから前歴聞いて、たいていの人が私のことを多分美人なんだと思い込むようね」

と彼女はおかしな自慢をする。

なるほどそういうテもあるのかもしれない。極端に女性の少ない場所に行き、その希少価値により過大評価される。あるいは反対に美人の集団とされる場所に行き、その概念により付加価値をつける。

いずれにしても、男たちにちやほやされ、そして同時に尊敬されることを女たちは望み始めたのだ。

少し前なら相反するものといわれた二つのことであるが、これからの若い女性ならきっと出来る。

本当にやり直せるものなら、うんと勉強するぞ。

ミーハーも知が伴うならカッコいい業界は、確かにあるんだもんなあ。

手記

いやあ、先日は興奮したなア。

遊びに行った上海から戻ってきたら、なんと話題の宮沢りえちゃんの写真集が届いているではないか。

篠山紀信さんからの贈呈本だ。篠山さん、どうもありがとう！

こんな貴重なものがあろうか。発売日までまだ三日ある。日本中があれこれ想像しているというのに、私は本物を手にしているのだ。

もちろんあちこちに電話をし、自慢しまくった。テーブルの上にさりげなく置いておくのも忘れない。打ち合わせやインタビューに来た人は、

「これ、もしかしたら……や、そうだ」

仕事そっちのけで写真集に見入る。

が、マスコミの人の反応はやはり業界っぽい。これはやはりシロートさんに見せたいなあ。そういえば、これから書類を持って伺いますと税理士さんから電話がかかってきたばかりだ。そうだ、あの真面目な人に見せようとわくわくしながら待っているうち、私は中野翠の言葉を思い出した。

「いま、宮沢りえの裸のことを口にする男、大林雅美サンのことを喋る女、こういうテアイがいちばんおじさん、おばさんっぽいのね」

りえちゃんの写真集にはしゃぎ、雅美サンに未だに関心を持ち続ける私は、いわゆる両性具有《アンドロジニアス》というやつではないだろうか。

雅美サンネタというのは、私が考えていた以上のエネルギーを持っているようだ。普通のネタというのは、一度消費されるとおしまいであるが、これは驚くべき拡がりを見せている。そして拡がっていくうちに、雅美サンの悪女度というのも希薄になっていったようだ。

最近はかなり風向きが変わってきて、味方をしたり、彼女こそ新しい生き方とみなす人も現れているようだ。

そしてお決まりのコースどおり、雅美サンの手記も出るという。それに先がけて某女性週刊誌に、

「今こそあなたに問う私の生き方。私は間違っているのでしょうか」

という記事が出たので、さっそく買って読む。

私は物書きの一人として、今さらながら文字の持つ威力というものに驚嘆した。文字で綴《つづ》られていると、どうも腑《ふ》におちないことも奇妙な説得力を持つのだ。

「もし私が裁判で負けたら、婚姻をねたに女性を騙《だま》した男が許されることになってしまいます」

などという箇所は、一瞬なるほどと思ってしまいそう。

「婚姻をねたに、月々百万のお手当てをもらってる女は許されるのか」

「結婚していても他の男を好きになるのは個人の自由というならば、心変わりという心の自由に、どうしてこれほどの債務が伴うのか」

などという疑問がわき出てくるのはしばらくたってからである。永遠に疑問に思わない人も多いだろう。

手記というのを岩波の国語辞典で引くと、

「自分で体験・感想などを書きつづったもの」

とある。この「自分で」というのがミソで、有名人や時の人が、自分で書かないというのはもはや業界の常識である。その代わり、署名をする。よく週刊誌などで自筆のサインが、わざわざ大写しになっているのをご覧になったことがあると思うが、あれは、

「これは私の書いたものじゃないけど、記者の人がわりあいうまくまとめてくれたので、

私の手記ということにしておきましょう」

という承認の印なのである。

かくいう私も、コピーライター時代、ある大スターの手記をまとめたことがある。これは思いのほか楽しい仕事であった。その人の魂が私にのり移ったかと思われるほどその気になってしまったのである。

自慢じゃないが、今でもそういう仕事をさせたら、かなりうまいんではないだろうかと思っている。ちょっとやってみたい。今だったら、前シキボウ会長の山内さん、市毛良枝サンと離婚係争中のご主人なんかの手記はさぞかし面白いに違いない。

が、私はやはり女性の方が得意である。雅美サンも私に任せてくれたら、もっといいものにしてあげられたんじゃないだろうか。イメルダ夫人、りえちゃんのママなどにも私は非常に心ひかれる。

だがこうなってくると、手記というよりも小説の分野に食い込んでくるかもしれないな。他人サマの人生を、筆でボリュームのある一篇に仕上げるというのは、まさしく作家の仕事なのだ。

ところがここで問題が生じてくる。現代はかなり物書きにとってシンドイ時代である。今までだったら、我々にネタを提供してくれた方々が、今は自分で書きたいのだ。書けなくてもいい、とにかく著者として表に出たいのだ。

何年か前のこと、ファッションモデルを主人公にした小説を書いていて、いろんな方から取材をしていた。ある時、もう現役を退いたけれど、大層美しい女性に会った。いろいろお話を聞き帰ってきたのだが、次の日、同行した編集者のところに、彼女から電話があったのだ。

「ハヤシさんには一部しかお話ししてません。私がいずれ書いてみたいと思うので、おたくから本を出してくれませんか」

こういう話を聞くと、うっかりしていられないと思う。プロとしての仕事をお見せしなくては、こういう方たちは納得してくれないだろう。自分の人生を横取りされたように感じてしまうだろう。

それになまじ小説家が手をくだしたものよりも、ゴーストライターを付けてでもその人の手記にした方が、生々しくてはるかに面白いことの方が多い。

なんでも資金難のソ連から、多くの有名政治家たちの回顧録が売り込みにきているそうだ。全くなまじの小説よりも、現実の人間の方が、ずっとエキサイティングに劇的に生きている。雅美サンの本も早く売り出されないかしらん。

ところで言い忘れたけれど、人は言いわけがあまり好きじゃない。小説が手記よりも長く生命を保てるのは、言いわけというものが、いっさいないからである。

夫婦合わせ　親子合わせ

先月、ある企業の方々と仕事で小旅行をした。中のおひとりは、その土地出身の方で、奥さんとお子さんを置いて東京に単身赴任している。

久しぶりなのだから、おうちに泊まればいいと思うのだが、皆と一緒にホテルにいる。仕事で来ている身ゆえ、目くばりの出来る範囲に常にいなければという。いかにも真面目なビジネスマンらしい考え方だ。男っぽい素敵な方で、私は以前から興味シンシンであった。

「でも奥さま、お気の毒」

私が言うと、ちょっと照れて、

「いやあ、でも明日は一緒にホテルで朝食をとることにしています」

だって。まわりにいた人たちも私も、

「朝食じゃなくて、実は夜から呼んでるんじゃない？」

とからかうほどののろけぶりである。

さて次の日、私はひと足早い便に乗らなくてはならず、早朝ホテルを出発した。

心残りのあまり、私は不機嫌になってしまう。その方が奥さんと会うのは九時だというのだ。もうちょっとここにいられれば奥さんを見ることが出来るのに本当に口惜しい。

「ねえ、ねえ、Aさんの奥さんってどんな方」

出発ぎりぎりまで、ロビーでまわりの人に聞く私に、A氏はしんから呆れたような声をあげる。

「ハヤシさんって、どうしてうちの女房をそんなに見たいの」

しばらく答えが出てこなかった。

「あのですね……」

やっと私は喋り出す。

「物書きというのは、他人の配偶者に異様なほどの関心を持つものなんです。ものを書くことによってつくってきた、男と女の組み合わせ方程式を我々は持っているわけですよ。それに照らし合わせてみたいっていう欲望にうち勝つことが出来ないわけ」

「ふうーん、そんなものですかねえ」

A氏はけげんな顔をしているが、物書きに限らず、人というのは他人の配偶者を見るのが大好きだ。「ふうーん」「なるほど」と納得をするのが好きだからである。例えばうんと不思議なもので、男と女の組み合わせはたいていのことに納得がいく。

美人の女房をもらえばもらったで、

「そういえばこいつは、昔から見栄っぱりのところがあったものな」

と思うし、その反対ならば、

「そういえば、昔から無造作なところがあった」

と何とはなしに結論づけてしまうのだ。

かくいう私も、他人の配偶者でそれほど驚いたことがない。男がやたら派手なのに、奥さんが地味でおとなしいというケースはよくあるが、この場合も、

「奥さん、昔はさぞかし可愛かっただろうなァ。ダンナが浮気ばっかりしているから、奥さんめっきり老《ふ》けちゃったんだわ」

とタイムトリップをした推測をする。

ところが最近、配偶者よりも驚かされることが多いのは、親子関係であろうか。

昔、昔、私が大学生の頃、パーティーの手伝いのバイトをしたことがある。今でいうパーティーコンパニオンだ、などというのはあまりにも図々しいが、とにかくテーブルの傍に立って、ビールの栓を抜いたり、オードブルをとり分けたりしたのだ。

この時余ったサンドウィッチやオードブルをどっさりもらうことがある。あの頃はそ

ういうものがかなりのご馳走で、私は友人と食べるべく彼女のアパートの戸を叩いた。

するとドアが開き、いかつい体つきの女の人が姿を現した。十七年たってもはっきり憶えているぐらい印象が強かった。真っ黒にやけた肌、ちぢれた髪の毛、にこにこ笑う口元には金歯がずらり。私も地方出身者であるが、この人も相当地方の人だと思った。

そこへ長い髪にリボンをつけた友人が顔を出した。

「私のお母さんよ」

お嬢さまルックで決め、いつも男の子に騒がれていた彼女の母親がこの人とは……。私は驚くよりもおびえてしまい、ご馳走の包みをわたして、そのまま帰ろうとした。二人は上がれ、上がれと言うのだが、とてもそんな気になれない。

「悪かったナァ、せっかく来てくれたのにナァ」

お母さんはよく聞きとれないほど強い訛《なま》りでいうと、財布からやおら千円札をとり出した。それを急いでちり紙（ティッシュペーパーではない）にくるみ、私の手に握らせる。

「これ、お茶代わりだ。持ってってくれ」

いいです、いいです、と遠慮したのだが、すごい握力だった。農作業をしている人らしく、荒れてカサカサしていた。

とてもあったかくていいお母さんだと思ったが、娘のマニキュアをたやさない手とつい比べてしまう私であった。

このケースとは違う意外性親子がこの頃増えている。路上にテーブルを置き、道ゆく女の子たちに梨をむかせたり、おはぎをつくってもらうテレビ番組がある。当然のことながら、信じられないようなていたらくだ。ナイフをろくに使えないコが多い。するとその中でいちばんひどいことをした女の子の、

「親の顔が見たい」

と彼女のうちへ押しかけるのだ。梨をささがきのようにむく女の子の母親なんて、さぞかし下品で無教養でと思うと、とんでもない。たいていの場合、美人で品のいい中年女性が出てくる。そして娘が出来なかった課題もさらりとこなしてしまう。

「まだ若いんですもの。そのうちやる気があれば出来ますわ……」

とおっとり笑うさまを見ていて謎がとけた。このものわかりのよさが、親子の共通点を希薄にしているのだ。

先日行った上海は面白かったなあ。公園に行くと、だんご鼻の少女が近寄ってきた。その向こうに大人の一団がいたのだが、私はすぐさま彼女の母親を見つけ出すことが出来た。だって鼻がそっくりだったのだもの。

子どもがみいんな同じ顔になった日本では、親子合わせが出来ない。

病は気から

月曜になったのを機に、四つの健康法を同時に始めた。

ひとつは、特別の鉱泉からとれるミネラルウォーター。

ふたつめは、このあいだ上海で買った漢方薬。

みっつめは、細胞を活性化させるという手づくり野菜スープ。

そして最後は、ちょっと言うのが恥ずかしいのであるが、パンツを脱いで寝るという話題のアレである。

工夫すればどうということもない。漢方薬はミネラルウォーターで飲めばいいし、野菜スープは食事の中に加える。最後の健康法はもちろん超カンタンだ。

「だけど四つも一緒にしたら、どれが体に効くかわからないじゃないの」

という人もいるが、私に言わせると別に手柄をたてたモノを探すこともない。

四つやっていたら、そのうちのどれかひとつでも効くかもしれないという考え方だ。ところでミネラルウォーターも、野菜スープのレシピも、私の入院騒ぎを知った友人が送ってくれたものだ。

あれは十日前のことになる。私はテレビの撮影現場に出かけた。よくある、

「原作者がちょっとスタジオ見学」

というやつで、マスコミの方々も何人かいらしていた。用事も終わり、帰ろうとした私に、テレビのマイクが突き出された。

「この元日のスペシャルドラマ、原作者のハヤシさんは、どのようにご覧になりますか」

こういう時、普通のことを普通に言えないのが、私の悲しい性《さが》というものであろうか。

「おせち料理をいただきながら見ますわ」

「のんびりとおこたつにでもあたって……」

とでも言っておけば何の問題もないのに、何かイロをつけたい、そのままでは淋しすぎると考えるのは、性格と共に私の前歴も関係している。

広告の仕事をしていた頃、人と同じようなことをするのは恥と教わってきた。とにかく〝ありきたり〟というものが、ひどく嫌われる世界なのだ。

「そうですねえ……」

私はとっさにあることを思いついた。

「私ね、暮れにもしかすると胆石の手術をするかもしれません。だから病みあがりの状態でテレビを見るかも」

この時、まわりにいたマスコミの方々の目がキラリと光り、私はそれと似たものを見たことがあるような気がした。

時がさらにさかのぼり、今年の夏のある日、やはり私の本がドラマになり、その記者会見が開かれた。会見場所がドラマにちなんで山梨の葡萄園ということもあって、非常になごやかな雰囲気であったと記憶している。記者の方たちとの懇親会も開かれ、名物のワインとオードブルでちょっとしたパーティーが始まった。

「ハヤシさん、夏休みのご予定は」

ほんの世間話といった感じで、ひとりが近寄ってきた。

「ええ、カナダの方へ」

「ご主人も一緒ですか」

「はい、そうです」

「いつ頃のご予定ですか」

「えーとねぇー、確か八月二十七日だったかしら」

ワインがまわってすっかりいい気分になっていた私は、何の考えもなくべらべらと喋ったはずだ。私ごときの夏休みなど、相手が何の興味も持つはずがないと信じていた。しかし思い出せば、あの時確かに記者の目はキラリと光り、何やらメモしていたのだ。考えればスポーツ紙というのは毎日出る。テレビのワイドショーだって、毎日一時間か一時間半流さなくてはならない。

他にネタがなけりゃ、私程度の夏休みに飛びつくこともありうるのだ。

成田に降りた時、私が見たのは何台かのテレビカメラと、驚くほどの数のリポーターと記者の方たちだった。

「林真理子、夏休み子づくり旅行」

というタイトルには全くど肝を抜かれたものだ。あれに懲りればよかったものを、またもやつまらぬことを口走ってしまった。よく私に自己嫌悪をもたらすサービス精神というやつが、今回もつくづく恨めしい。

おかげでいくつかのスポーツ紙が、

「林真理子　胆石で入院」

と書いたらしい。この一週間、会う人会う人がみんな私の顔をのぞき込む。

「胆石、大丈夫ですか」

中には、

「あら、ハヤシさん、入院中じゃなかったの」

と質問する人もいて、私はとても恥ずかしい。入院といっても、たかだか五日間ぐらいのことである。しかも日頃丈夫な私は、初体験の入院という言葉になにやらわくわくしていた。思えば今から十年前に出した処女作のエッセイ集の中でも私は書いている。

「病弱というのに憧れている。もし入院するとしたら慶応病院の個室だもんね」

わずか十年前といっても、私はなんと若かったのだろう。自分はずっとこのまま健康でいられると信じていたに違いない。今の私はわくわくしたのも最初のうちだけで、ややもやとした重苦しい気分、そう、不安というものが芽ばえ始めてきているのだ。

入院の前に内視鏡検査というのがあり、カメラを飲むらしい。私はそれがとてもコワイ。私の喉はとてもナイーブで、このあいだまで丸薬だって飲み込めなかったんだから。それがカメラだって……。

今度の入院を終えたら、食べ物から本当に気をつけよう。心を入れ替えて食生活を改善する。人間は健康がだいいちだものなあというわけで、私は遅ればせながら四つの健康法に果敢に挑戦しているわけである。

全くなあ、ちょっと顔を知られている者が病気になると恥ずかしいものなあ。テレビで人体模型を使われたりするうえに、退院する時は看護婦さんがずらっと並んで花束をくれる。あれって見ているだけで照れてしまう私だ。あれこれ考えると胸が痛む。

全く病気以外にどうしてこんなに気を遣わなくちゃいけないんだろう。

過去について

文藝春秋七十周年パーティーの案内をいただいた時、私は即座に欠席と記して出してしまった。

このところ人前に出るのが本当に億劫になっているのだ。しかしすぐに思い直す。文藝春秋のパーティー、しかも七十周年だという。さぞかし有名作家の方々がいっぱいいらっしゃることだろう。ふだんは文学全集の月報や、むずかしそうな本でしか見られない方々をこの目で拝見してみたい。

カメラを持っていくのはあまりにもミーハーかしらん、しかしめったにない機会であるから、ちょっとでいいからお話ししてみたい……、などということを考えながら会場のホテルに着いた。

私はめったにパーティーというのに出ないので、こういう時、かなり胸がドキドキする。しかし顔見知りの編集者の方々がやってきてくれたので、少しいつもの調子をとり戻す。

「私、日本文学全集に出ているような方々を見にやってきたんですけど」

「それだったら真中の方にいらっしゃいますから行ってみましょうよ」

私たちは探険に出かける若者のようなおもちで、人々のジャングルの中に入り始めた。その時、突然私の目の前に、一人の男性が現れた。

「ハヤシさん、お久しぶりです。私のこと、憶えてますか」

白髪とおだやかそうな顔に全く記憶はないなァと思いながら視線を下に移すと、

「○○堂書店代表　○○○○」

という名札の文字があった。そのとたん私はうろたえ、ほんの少し後ずさりする。

「いやあ、いつもご活躍を見ているんですよ」

「は、はい、はい。ありがとうございます。どうも、どうも」

私がしどろもどろになるのも無理はない。今から二十年昔、私はこの本屋さんでバイトをしていたのだが、あまりの勤務状態の悪さにクビになったのである。

今でこそ、この頃の若いもんはどうのこうのと文句をたれている私であるが、わが身のことはほとんど忘れている。

家業が本屋なので、きっとすんなりいくはずだと思ったのが間違いで、私の仕事は万引き防止のためにずっと立っているだけの仕事である。大学に入ったばかりの女の子には苦痛以外の何ものでもない。いっそのこと力仕事の方にまわしてくれればいいのにと、どんなに恨めしく思っただろう。

今でもはっきり記憶しているのだが、私の目の前には大きな時計があり、その針が動くのが遅いのなんのって。しばらく目を別のところに移し、また見るという作業を繰り返しても、二分か三分しかたたない。そのうちコンパだ、旅行だのというスケジュールで忙しくなり、平気で電話ひとつで休んでばかりいた。クビになるのもあたり前である。

ああ恥ずかしい。こういうのは過去の〝汚点〟というやつだろうか。いや〝汚点〟というには、色気がなくて、あまりにもみっともないよなあ。

それにしても私はこのテの〝汚点〟がとても多い。

大学生の頃、ある業界紙でアルバイトをしていた。卒業後は正社員にしてくれるという条件だったのだが、私は本当にいいコではなかった。夜食のインスタントラーメンをつくらされることに腹をたて、社長の弁当についている味噌汁をわかすことに憤った。

こんなビンボーったらしいとこ、大嫌いッと飛び出し、紹介してくれた教授の顔を潰《つぶ》したのは、もう十六年前。とうになくなっていると思った会社なのに、このあいだ社長から電話がかかってきた。三十周年のパーティーをするから出席、もしくは花をくれという。大人になった私は、さりげなく応対し、花だけ贈りますと言った。

そして何日かして、当日配ったらしい記念品と挨拶状が郵送されてきた。

挨拶状の一部。

「この三十年の間にはさまざまな思い出がありますが、やはり何といっても、林真理子が昭和五十一年に在籍していたことでしょう」

だって。ああ恥ずかしい。人間というのはこれほどの恥と苦悩を背負って生きていかなくてはならないものだろうかと思った。しかし、すぐに気づいた。勤務状態が悪く、バイト先をクビになったという過去ぐらい、誰にでもあることではないだろうか。(え、そうでもない?)

私のように多少名前と顔を知られたものの悲劇は、そういうことが過大に記憶され、流布されるということであろう。

有名人なら誰でも理解してくれると思うが、若い時のあいつを知っているという人は、この世になんて多いんだろう。こちらは憶えてないような人が、後から後からいくらでも出てくる。そして何かの折にマスコミに、つまんないことを話す。

私のようにたいしたこともせず、ごくおとなしい女の子だった過去も、面白おかしく言われてるんだろうな、きっと。

普通の人は記憶の浄化装置を持っている。いい記憶だけを濾過《ろか》して、死にたくなるほど恥ずかしい記憶は沈澱させるではないか。それなのに私たちはそれをしょっちゅう突きつけられるんだからつらい。思い出したくないことまで思い出す。

ああ、過去のない生き方をしたい、と何度思ったことだろう。例えばですね、海外で生まれ育ち、日本で突然デビューしたなんていうのは理想である。そうすれば、

「あいつよ、勉強出来なくて、俺が教えてやったんだぞ」

「大学の時、俺の友だちにフラれて泣いてた」

なんてことをあちこち言いふらされなくて済んだのに。と思いつつも、まあ人間生きていれば、恥ずかしいこともいっぱいしてくるさ。それがどうしたというんだと、自分に言いきかせたりもする年の瀬である。

七十周年のパーティーにいらしていたえらい先生方だって、きっときっと恥ずかしいことをいっぱいお持ちだろう。そうに違いない。

愛人マリ

この考えはある日突然うかんだものでなく、話すとなるとあのトイレのことから始めなくてはならない。

非常にビロウな話で恐縮なのであるが、車から降りるなり、私は必死でトイレを目指した。

その日の私はといえば、縞《しま》の稽古着に宝尽《づ》くしの模様の道行きというなりであった。一万八千円の化繊の稽古着に、京都で誂《あつら》えた極上の道行きは確かにミスマッチであるが仕方ない。着物のコートの類は、これ一枚しか持っていないのだ。それならば大切に扱えばいいものを、不精者の私はそれを脱がずにわが家のトイレに駆け込んだ。

用をたしホッとしてドアを開けると、外で待ち構えていた愛猫が中に飛び込んできた。オスの方の猫は、狭いトイレに入るのが大好きなのである。彼はぴょんぴょんと元気よく、便座からタンクの上までジャンプした。その時、非常に勢いよくウォシュレットの「お尻洗浄」のボタンを押したらしい。

まるで魔法のように、奥の方からするすると管が出てくるのを私はぼんやりと眺めていた。なすすべがないというのはああいうことを言うのだろうか。一刻も早く「停止」のボタンを押さなくてはいけないと思うものの、からだが動かない。

ああ、人間のお尻というのは、こういうふうにして洗われていくのかと感心していた。そしてお湯が噴射された。思っていたよりもはるかに強い水量で、それは空に向かって直線を描き、私のからだに落ちた。つまり私の道行きはびしょびしょになったのである。全く口惜しい。着物は洗濯機でじゃぶじゃぶ洗えるものであった。一万八千円也の化繊を、絹の上等の道行きが守ったのである。

蒸発すれば消えるだろうと思っていたところ、朱色の道行きには大きなシミがいくつも出来た。仕方なく私はそれを持って銀座の呉服屋さんへ行く。仕方なく、というのは、もうあまりここに近づかない方がいいのではないかと決心したばかりなのである。意志の弱い私は、いけない、いけないと思ってもここに来ると何か買ってしまう。特に最近は着物をひとりで着られつつあるので嬉しくてたまらない。あれもこれも欲しいところなのであるが、じっと我慢していたのである。

それなのにこの突然の出来ごとのため、私は呉服屋さんに行かざるを得なくなってしまったのだ。私のせいじゃない。猫とウォシュレットのせいである。

そして私はまたもや帯と小紋を買ってしまった。女の人ならわかると思うが、呉服の買物というのは楽しいがとても疲れる。値段が張るうえに、非日常的なことをしているという気持ちの昂まりでぐったりとしてしまうのだ。

そのうえ私の場合、この疲れは常に自己嫌悪とワンセットでやってくる。

ああ、だいそれたことをしてしまった、身のほど知らずとはこういうことではないだろうか。全く服や着物にこれほどお金を使わなければ、マンションのローンがもっと早く終わるだろう。郊外の一戸建てだって夢でないかもしれない。

全く男の作家はいいよな。お酒を飲む以外にそれほどお金がかからないものなァと考えているうちに、私はハッとした。

いやあ、男の作家こそ、それこそ、お金を使うんじゃないだろうか。男の物書きは、女性にお金がかかるみたいだ。

大御所の他に、私ぐらいの年の方々も、いろんなところで華やかな噂を聞く。物書きばかりでなく、私の知り合いの三十代の編集者で、愛人をつくって家に帰らないという人はひとりやふたりではない。

売れっ子、という前提がつくのならばの話であるが、男の物書きというのは本当にいい仕事ではないだろうか。早いうちに奥さんと子どもを確保し、それはそれでおいといて、三十半ばからもう一度恋が山のように出来る。それもかなり真剣だったり、劇的な恋。

私が晩ごはんのおかずを考えたり、大根を刻んだりしている時間に、仕事を終えた男性の作家たちは街に繰り出す。相手の女性を公然とパーティーに連れてきたり、海外に連れていったりして、本当に楽しそう。いいよなァ……と羨ましがったら、ある人が言った。

楽しいことは楽しいが、とにかくお金がかかって仕方ないんだそうだ。月々決まったもの以外に着物やアクセサリーだって渡さなくちゃならないそうである。

そうだ、こういうふうに考えられないだろうか。

作家の格やキャリアというものに不足はあるが、私は年齢的に愛人を持っておかしくはない頃である。ちょうど仕事も脂がのってきて、夜遊びも面白くて仕方ない頃。夜の世界をテーマに、ひとつ小説を書いてみようかなァと思う頃でもある。

そう、私は男で愛人がいるとしよう。その女性に、着物や洋服を買いあたえているのだと思えば、なにやら豊かな気持ちになってくるではないか。

私の愛人の名はマリという。銀座、というのはちょっと図々しいから、六本木のミニクラブに勤めていることにしようーっと。

ブランド品がとても好きで、最近はニューヨークのデザイナーがお気に入り。着物にも凝り始めていて、あれやこれや欲しいものがいっぱいある。海外旅行も好きで贅沢なところに泊まりたがるし、食べるものもありきたりのものでは駄目。ただひとつ殊勝なところは、宝石にほとんど興味を示さないことで、ふだんはアクセサリーもしない。

こんなマリのために、たまに服や着物を買ってやるぐらいなんだろう。マリが綺麗にしていられて、楽しそうならそれでいいじゃないか……とひとり頷《うなず》いていたら傍で夫が文句をたれる。

「馬鹿なこと言ってないで、オレに少し尽くせよ。オレを愛人だと思って、新車買ってくれてもいいんだぜ」

「けっ」

私は怒鳴った。

「誰が好きこのんで小汚ないおじさんとつきあうのよ。愛人持つなら若い美青年に決まってるでしょ」

いけない、その気になってしまいそうだ。

物語の年

最近私は自分のことを少し見直している。考えていたよりも、はるかに根性があるような気がするのだ。

お稽古ごとは何でも、すぐに飽きて永続きしなかったのに、今年始めた日本舞踊の、この入れ込み方といったらどうだろう。

週に二回から三回ある稽古日が、待ち遠しくて仕方ない。午前のうちに着ていく着物を揃え、鏡の前で着付けの練習をし、そしてついでに踊ってみる。

「ちんとんしゃん、それ、宇治のォ〜お里のォ〜、ちんとんしゃん」

そういう私を見て、まわりの人たちはしみじみという。

「ハヤシさん、本当に楽しそうでいいですねェ……」

この〝いいですねェ〟というのは、既におわかりのように、いくつかのニュアンスが

あり、

「そんなにお気楽に生きられたらどんなにいいかしら」

「本当に得な性格よねえ、羨ましいわァ」

という揶揄《やゆ》が含まれているのであるが、私は気にしない。

全く踊るのは楽しい。最初の頃、扇の持ち方も知らなかった頃は、ちょっと違うんじゃないかナァ、という思いがあったような気がする。他の弟子の前で踊るのが恥ずかしい。着物をまとうと全く身動き出来ないでいたらくだからである。

それより何より、日本舞踊をするためには着物を着なくてはならない。このあたり前のことが、実は大変な問題だったのだ。

浴衣さえ着られない私は、手伝ってくれる友人が来ていない日、そのまま帰ったことさえある。着替え部屋でひとり悪戦苦闘し、ついに見かねた先生が帯を締めてくださったことさえある。

それが見よ！　午前中の練習の成果で、私はちゃんとひとりで着物が着られる。小紋ぐらいは何とかなる。

そうなってくると踊りはますます面白く、のめり込むばかりだ。二年後には発表会、五年後には名取りと決めている。最初の頃、あまりにもさぼってばかりいたので破門寸前になった私は、見事に立ち直ったのだ。

仕事を済ませ、夜の十時過ぎにお稽古場へ向かう。私の姉弟子は、池田理代子さん、奥谷禮子さんといった忙しい方たちばかりだが、みな仕事をやりくりして駆けつける。

三十代後半から四十代というのは面白い年代で、足元と少し遠くをいっぺんに見なくてはならない。つまりフル回転で仕事をし、同時に中年から老後へ向かう計画も立てる。働き盛りであると同時に、一生つき合える趣味や娯楽を探す年代でもある。

だからこそ目のまわるような忙しさになるのだが、たっぷりと豊かないい日々が続く。本当に私はいま、充実した時を過ごしているに違いない。女ざかりという言葉があるが、これは人間ざかりとでもいうんじゃないだろうか。

しかしナァ、と考えるところが私の困ったところで、このまま踊りが趣味のおだやかな日々が待ち構えているのはいいが、それがわかっているのも物足りないナァという感じ。

ところで話は変わるようであるが、他人《ひと》さまというのは、なぜか私の人生にとても興味をお持ちになるらしい。

字画がどうの、生まれた日がどうの、という占いになると、例によく私の名前が出る。私は占いが大好きであるが、新しい占いほど、さまざまな計算がややこしくなる。だから私の名前を出してくださるのは、手間が省けて大歓迎だ。あたり前のことであろうが、私は私の運勢の出ている記事の、いちばん熱心な読者である。

結婚する前は、新年号になるとよくどこかの雑誌で、

「林真理子は今年こそ嫁《とつ》げるか」

と親切にもいろんな占い師に問い合わせてくれたりしていたのに、この頃はあたりさわりのないことしか言わないから本当につまらない。

今日も私は女性誌新年号の、林真理子の運勢を読んでいるのであるが、

「努力家だから仕事も家庭もうまくいくでしょう」

だそうな。

ひとつぐらい、

「波瀾万丈の一九九二年が待っています」

と書いてくれていてもいいのではないだろうか。

波瀾万丈というと、私がまず頭に思いうかべるのは異性関係であろうか。だが、私はありきたりのつまんない不倫ぐらいでは、波瀾万丈だとはいわない。

私が考えるのは、大スペクタクルロマン、である。プリンス・オブ・ウェールズが、かのシンプソン夫人と出会った時、彼女には二度目の夫がいたのだ。有夫の身の上で、ハンサムな王子さまと結婚出来たのである。

もちろん私は大それたことや、ナントカ願望を考えているわけではないけれど、そういう話を聞くと、目の前がパァーッと開けてくるような気分になる。まだ私も物語の世

界に入っていけそうな思い、といったらいいだろうか。

もうじき新しい年がやってくる。確か一年前に私はこんなことを言ってやしなかっただろうか。

「今年こそ、これぞと思うようなものと出会いたい。そして根性を持ちたい」

それが達成出来た今年は、本当にいい年であった。

仕事も順調であったし、夫との生活も、何ちゅうかやたら照れるが、夫婦の年輪という言葉が理解出来るぐらいまではいっている。

これにハランバンジョーを求めるのは、贅沢といおうか、物書きの悲しい性《さが》といおうか、あまり誉められたもんではないだろう。

心の片隅のどこかで、昔も今も読んだたくさんの物語を思いうかべながら、私は頬づえをつく。

しかし、待てよ、物語は自分で書かなければいけないのか。物語の主人公になろうなんていうのはあまりにも図々しい。私の場合は、地味な作者の側にまわらなくてはいけないんだろうなァ。

大林雅美さんは、主役の柄じゃないと皆に叩かれている。考えてみれば、女たちが皆、主役になりたがっていた一九九一年だったのにね。

今年もあの人と

踊りぞめから始まり、初釜、初芝居と実にジャパネスクな正月であった。ある時からスパッと割り切り、帯を〝つけ帯〟という分解式に直してもらったため、小紋ぐらいは自分で着られる。

着物というのは微調整にコツがあるのであるが、それも少しずつ習って慣れた。考えてみると、踊りのお稽古は着付け教室も兼ねているようだ。着替えるたびに諸先輩方があれこれ教えてくれているのである。

などというようなことを話すと、A子さんはいつでも、

「いいなあ、そういう世界」

と目を輝かす。私は彼女のところから書き下ろしの本を出すことになっているのだが、予定が四カ月以上過ぎてもまだ手をつけていない。そのかわりA子さんと買物に行ったた

りと遊んでばかりいる。

本当に申しわけないと思っているのだが、A子さんは遠慮がちに「お願いします」を繰り返すだけだ。

こんなところもとても気にいっている。おととし大学を出たというから、二十四歳といったところだろうか。性格もいいし、とても聡明なお嬢さんだ。

彼女の噂話を、たまたま取材に来ていた同じ会社の人にしたところ、彼は急に声をひそめた。

「ハヤシさん、知ってましたか。彼女はすごい霊感少女なんですよ」

「えーっ、何ですって」

「あのですね、会社の誰もいない部屋で誰かと喋っていたりするんですよ。ほら、うちの会社の隣りには大きな寺がありますからね。どうやらそこの霊が来るらしいんです」

「いや、そうじゃない」

別のひとりが言った。

「あの部屋は、ノイローゼになって自殺した奴がいるんですよ。それが話しかけてくるんだってもっぱらの話ですけど」

私は思わずぞーっとしてしまった。怖いやら嬉しいやら、なにやら複雑な〝ぞーっ〟である。なにもテレビを見たり、本を読んだりすることもなかった。私の大好物を持った人が、とても身近にいたとは。しかし、彼女はどうみても普通の明るい女の子である。霊感がある、占いが出来るという話にはガセネタが多い。これはちゃんと確かめてみる必要があるだろう。

私はその後すぐやってきた彼女を、思わず問いつめてしまった。

「ねえ、ねえ、そんな力があるなら、どうして私にすぐ教えてくれなかったの！」

「あのう、別にお教えするようなこともないと思いまして……」

そりゃそうだが、私の担当編集者の中に霊能力者がいるなどとは。私が興奮するのはあたり前ではないか。彼女によると何となくぼんやり見えるぐらいで、未来のことについてははっきりしたことを言えないそうだが、それでもいろんなことを教えてもらった。

全くいつも一緒にいるが、編集者というのは、なんて面白い人種なんだろう。最近の若い人は、むずかしい試験をとおって入ってくるから、一流大学を出た秀才、才媛タイプばかりだが、それでも文字の魔法にそのうちかかってくる。活字というのは不思議なもので、それをいじっているうちに、人格に変化をもたらすようだ。

物書きはユニークな人種だと思われているようだが、編集者だってもっとすごい。

昨年の暮れ、このページの担当編集者と一緒に『バルセロナ物語』というミュージカルを見に行った。以前お話ししたと思うが、たまたま牧瀬里穂ちゃんと飛行機に隣り合わせに座った結果、彼は熱病にかかったようになっていたのだ。

私は東山クンのファンなので楽屋にご挨拶をしに行ったが、彼のために里穂ちゃんのところにもちゃんとお寄りしました。その帰り道、

「僕はもう彼女に会いに行くのをやめようと思います」

ぽつんと言う。

「僕には妻子がいますし、あんまり何度も行くと変質者だと思われて、嫌われる。そうなるとコワイから、もう会わない方がいいと思う」

飛行機で一回、その後こじつけて行った取材が一回、今度の楽屋見舞いと三回しか会っていないのだから、別に気にしなくてもいいんじゃない。冗談で励まそうとしたのであるが、そんなことが許されないような真剣な口調だからコワイ。

「だけどハヤシさん、里穂ちゃんからもらったそのカレンダーください」

手を伸ばす。

「僕がもらった分は飾るやつ、これは保存用にします」

さて昨年来、私はある雑誌に小説を連載している。私の青春時代に材をとったもので、半分は事実、半分は創作といったところだろうか。ところが回が進むにつれ、直接の担当者の上司から大クレームがついた。

「僕のことがちっとも書かれていない」

というのだ。

「二十代の君が僕と出会ったからこそ、小説を書くようになったんじゃないか。あの頃の君に決定的な影響を与えた僕をなぜ書かないんだ」

というのである。

仕方なく私は書きました。初めての出会いの日。有名な編集者だかなんだか知らないが、なんてエラそうにしたイヤな奴なんだろう。おまけにデブで、ちっともいかさないぜ。

ゲラが戻ってきた。彼の手でびっしり赤が入れられている。つまり彼の会話や描写が大幅に変えられているのだ。これって著者の権利の侵害だと思うが、なんて彼らしいんだろうと私は笑ってしまった。

この我儘で強烈な個性と、私はもう八年以上仲よくつき合っているのだが、

「そうだよな、あの頃の君って、完璧に僕に恋していたもんな」

またいいように、思い出にさえ赤を入れる。

「来月号は君が僕に憧れ、恋していくさまを書いたらどうかナ。構成的にもそれが自然なんじゃない？」

こういう人にもまれ、鍛えられ、今年も過ぎていくのであろう。ＯＬが上司や同僚の顔を思いうかべるように、私もため息をひとつつき、そして決意をあらたにした。

とても忙しい

倒れたブッシュ大統領の、来日してからの様子をニュース番組で流していたが、いやぁ、その忙しいことといったら。

蹴鞠《けまり》を見学し、日米学生の集いで愛敬を振りまき、会談をいっぱいし、そして食事の後はテニスをする。見ているこちらの方が息苦しくなってくるほどだ。

あれなら健康な若者だって、からだの具合いが悪くなるだろう。エラい人というのは本当に忙しくて大変だ。いや、あのくらい忙しく働くからエラい人になるのだろうか、などと考えていたらあることを思い出した。

私はエラい人ではないが、それでもスケジュールがびっしり詰まっている、ということがある。地方に講演や取材に行った時に、そこの観光課の方などが、わりと張り切って案内してくださる場合だ。

「八時起床　○○亭にて朝食
九時より○○工場見学
十時半　○○織り工房見学
十一時より市内観光」

などという予定表を見せられ、

「わっ、疲れそう。すいませんが、私、パスさせていただきます」

と叫んだことは何度かある。

まあ、私の場合ならば、

「噂どおり、本当に我儘な女だぜ」

ということで済むが、ブッシュさんのように公のエラい人になると「疲れたからパス！」などと言うことは出来ないに違いない。

ああ、よかった。私のように庶民で、ちっとばかし小金がある、というのが、いちばんでれでれと暮らしていけそうだ。そう、今年の私の目標は、可能な限りのんびり過ごそうということである。

前にも書いたことがあると思うが、今の世の中、「忙しい、忙しい」と目を血走らせているのは、かなりみっともない。

私は今まで忙しいでしょう、と問われれば、「ええ、とっても」と素直に答えていたが、今年からもうやめよう。そう、何も忙しいイコール売れっ子などという図式は成り立たないこの頃である。

私のところには、毎月毎週いろいろな雑誌がどっさり送られてくるが、その中にマイナーな小説雑誌がある。その後ろの頁を見ると、ほとんど名前を知らない方たちの「筆者近況」というのが載っていた。（こういうのをつぶさに読むなんて、私は相当にイヤな女だ）

どの人も語っている。

「いやぁ、忙しくて忙しくて映画を見る暇もありません」

「今月はずっとホテルにカンヅメです」

我ながら意地悪な感情だと思うのであるが、私はわき起こる素朴な疑問をどうすることも出来ない。

「ねえ、不思議でたまらないんだけど」

親しい編集者に尋ねた。

「この人、忙しくて家からほとんど出ないんだって。私、この人の名前や書いたもの、他の雑誌で一度も見たことないよ。言っちゃナンだけど、この私だって週に二回は踊りの稽古に行って、一回か二回はお芝居やコンサート行ってるよ。それなのにこの人の方がずっと忙しいってどうしてなの」

「そりゃカンタンですよ。ハヤシさんは書くのがすごく早いけど、普通の物書いてる人はあんなに早くない。だから時間がかかって、いつも忙しい」

それればかりじゃないと思う。やはり忙しい、忙しいと叫び続けるのは見栄なんだ。まわりを見渡すと本当の売れっ子というのは優雅に楽し気に暮らしていらっしゃる。

村上龍さんはキューバやＦ１見物で遊び、今は映画に夢中だ。山田詠美さんはインタビューによると「毎日ボーッと暮らしてる」そうで、本当にカッコいい。

私は今年はだんぜんこの路線でいくことにした。私は実質的な勤労時間はそう長くないのであるが、その助走期間というのがだらだら続く。本棚のたまたま手に触れた本を取り、それに読み耽《ふけ》る。週刊誌がいっぺんに五冊届いたりすると、昼間でもベッドに持ち込み、半日つぶす。実に無駄な時間が多いのだ。そのくせ、〆切りのことがいつも頭のどこかにひっかかっていて十分に楽しめない。今年はもうこういう悪循環はやめる。仕事は早めに切り上げだらだらと過ごす場合は、本当にしんそこだらだらするぞ。

とりあえず私は温泉へ行くことにした。だらだら過ごす、という言葉からすぐに温泉を連想するというのは、我ながら貧しい思考回路だと思うのだが仕方ない。温泉と聞いただけで、からだがぐんにゃりしてしまう。

温泉でいちばん楽しいのは、朝のビールであろうか。誰かが言っていたけれど、和風の朝食のおかずというのは、すべてお酒の肴《さかな》にぴったりなんだそうだ。そういえば小アジの焼いたの、梅干し、トロロ芋に海苔をかけたものなど、すべて肴になる。

朝からお風呂に入り、そして朝食の席でビールの栓を抜く。その後は冷酒をちびちび。またお風呂に入ると、からだはすっかりだるくなるから、座布団を二つに折って枕にする。いいよなぁ、あのひととき。以前だったらおじさん趣味と馬鹿にされるところであるが、昨今のニュージャパネスクによって、おおっぴらに口に出来るようになったのは嬉しい。

ところがどうだろう、雑誌で見た東京近郊のその旅館は、五月まで土日は予約でいっぱいだという。私は口惜しいので、なんかコネがないだろうかと友人のところへ電話をしたり、他の有名旅館ガイドを眺めたりする。そのためにわざわざ本屋にまで行ってしまった。

なんか、でれでれするのも、手間とお金がかかりそうな気配である。しかしやるぞ。新しい年がきてわかったが、もう人生折り返し地点にきてしまった。がむしゃらに働く時は働くが、そのいきつく先、手段と目的を仕分けなければいけない時が来たようである。

明日なんか京都へ行くんだもんね。お茶屋さんに連れていってくれるということで、一張羅の着物を持っていくつもり。先日やっとさらえることが出来た日本舞踊がある。私が踊れる唯一の曲であるが、あれをお座敷で披露したいと考えるのは図々しいであろうか。それにしても忙しい。

働いて、遊んで、でれでれして、本当に忙しい……。あれ？

女の旅路

新幹線の中で、円地文子作『女坂』を読んだ。近々このお芝居を見に行くので十年ぶりに文庫を買ってみたのだ。

『女坂』は哀しくつらい女主人公が出てくるが、それをとりまく女たちはみなきらびやかで美しい。着物の描写も非常に凝っている。

それは今度の京都行きにまことにふさわしい本であった。なにしろ渡辺淳一先生と着物姿で繰り出そうという計画なのである。関西へ行くことはしょっちゅうでも、これほど心はずみ、贅沢な予感がして、同時に緊張している旅は初めてだ。『女坂』の重たく豪華な繻子《しゅす》の世界が今開かれようとしているのである。ジャーン！

それにしても、『女坂』は名作であるが、江藤淳氏の解説がまことに素晴らしい。世に「解説」は多いが、これほど作品を理解し、かつ広く豊かな教養と知性がかいま見える文章があろうか。この解説だけで文学的価値がある。本当だから。

さて京都に着くと夕方の六時。さっそくホテルの美容室で着付けをしてもらったのだが、そのうまいこと、早いこと。東京のホテルだと、着付けの講習に十回通いました、といった美容師の人におそろしくヘタな着付けをされることがあるが、さすが京都は違う。紐をほんの三本ぐらい使い、さっと着せてくれた。胸元はきつくなく、腰から下はほっそりと見えるのに驚いてしまう。

行儀の悪い私は、後でさんざん足を崩すのであるが、ぴたりときまって全く着崩れない。

本当に京都というのはあなどれないところだ。

待ち合わせたロビーへ行くと、渡辺先生は渋い茶色の結城《ゆうき》（ですよね）をお召しになり、色足袋に粋がとおっている。私はうっとりしてしまった。

思えば昨年の暮れ、文藝春秋のパーティーでおめにかかった折、着物の話が出た。そしてはずみがついて、先生の京都取材旅行に連れていってくださることになったのだ。

「ハヤシ君も最近着物が好きなようだから、夜遊ぶ時も着物にしなさい」

わくわくするようなお話である。

私は嬉しさのあまり、皆に言いふらした。すると私の下品な女友だちは、みんなため息をついて、こんなことを言うんですよ。

「あなた、ちゃんと長襦袢に凝らなきゃ駄目よ。あの方の小説に出てくる女の人は、みんなすごおくいい長襦袢を着てるんだからね」

実はずるい私、言いふらす際、編集者が二人同行することは隠して、あたかも二人きりのように自慢していたのである。

ミエっぱり、噓《うそ》つきと非難するならしてもいいが、渡辺淳一先生と着物姿で二人、冬の京都を散策する。女なら誰しも憧れるシチュエーションではないか。全く私だけこんないいめにあっていいもんだろうか。

ところが、こんな私に挑戦するように一枚の年賀状が既に届けられている。全く見知らぬ女性からであるが、渡辺先生と一緒の写真を、ちゃんと年賀状に印刷してある。

「今年も渡辺先生の追っかけをします」

とこれまた印刷文字。熱烈なファンが、〝業界グルーピー〟を名乗る私に、挑んできたのである。

実際京都でも先生の人気は凄《すさ》まじく、どこで聞きつけてくるのか、先生の行きつけの店にファンが待ち構えている、という情報を聞き、お茶屋さんで、ちょっと年がいったお姐《ねえ》さんと仲居さんが顔をしかめる。

「ちょっと先生、注意しておくれやす。私らみたいな上品な追っかけならいいどすけど……」

〝上品な追っかけ〟という言葉がとても面白かった。

京都の夜はしんしんとふけて寒い。けれども舞妓さんは、稲穂のかんざしをつけ、正月の華やかさだ。

「ハヤシ君は小紋ぐらいで、といったけれど、京都はまだ正月の衣裳らしい。だから訪問着にしなさい」

先生がわざわざ電話をくださったので、私は一張羅の着物と、このあいだ買ったばかりの宝尽くしの蘇州刺繍の帯を用意した。

しかし高価なものを着るからいいかというと、それが着物の不思議なところで、気負った分非常に野暮になってしまう。私などまさにその典型で、花街の着慣れている女性たちから見ると、

「お気張りなさって、えらい、えらい」

というところだろうか。

しかしまあ、もとより私が京都のお姐さん方に対抗出来るはずもなく、せいぜい折り目正しく、きちんと着るより他はない。今夜も着物のプロフェッショナルたちの中に入り、鋭い目で見られると思うと、足がすくんでしまうのであるが、図々しく居直ることにした。

お姐さんたちよりも、もっと怖れてしまうのは渡辺先生で、あれだけの見巧者の前で、私もよく着物なんか着られるものだ。

先生は、

「ちょっと立って、もっと着物をよく見せなさい」

とおっしゃった。もちろんお世辞だろうが、

「着物の方が女ぶりが三段上がる。これからもっと着なさい」

とありがたいお言葉である。

「だけど髪型がよくない。そんなぴっちり左右をひっつめないで、もっとふっくらさせなさい」

と細かい指示をいただいた。

たったひと晩の京都旅行であったが、これはまさに私にとって、修行の旅であった。眼光鋭い方々に見られ、アドバイスを受け、冷や汗を流したがとても楽しかった。私は断言してもいいのであるが、毎日これを続けたら、この私とてすごおくいい女になれそうな気がする。

京都への旅は女への旅だ。

よおし、私はやる。いつの日か渡辺先生の小説に出てくるような女になるぞ。そしていつしか長襦袢をお見せしたい……などと大それたことは考えないが、変身した私を見ていただきたい。

次の日私はさっそく『えり善』さんの展示会へ行き、付け下げと帯を買った。

テレビに映っちゃった！

私が住んでいる原宿では、よく街頭インタビューをしている。テレビ局のカメラをかかえた人たちが、三、四人街角に立っているのだ。

先日はマイクを持った有名タレントが、交差点のところで、街行く女の子たちを物色していた。私はそういう時、ちらっと私に気づいてくれてもいいかなァ、と考える時がある。

「あ、ハヤシマリコさんじゃないですか。偶然ですね！」

「あ、やめてください、困ります」

「ちょっとカメラさん、しっかり撮って。ね、ね、大根とネギをぶらさげてますね。自分でお料理してるんですか」

「いま、そこの商店街で買物してきたとこなんです。でも、本当に困ります。私、お化粧もしてないし」

「いいじゃないですか、日常的で。カメラさん、しっかり撮ってる？」

こんな場面を想像しているのである。しかし原宿へ来るぐらいだから、彼らのおめあては若い女の子で、そそくさと歩くおばさんなど最初から眼中にない。まるっきり無視される。

こういう時私は何も死ぬほど映りたい、というわけではないが、ちょっと物足りない気分になる。

さて相撲ブームに沸いている今日この頃であるが、私はある方からお年玉がわりにチケットをいただいた。枡席よりもっとずうっと前、なんと砂かぶりの席である。この時、私の頭にすぐひらめいたのは、テレビに映ってしまうかしらんということだった。最近相撲ウォッチャーたちのもうひとつの楽しみとして、背景の見物人たちを観察するというのがある。もう枡席や砂かぶりといった席は、普通の人たちの手にはなかなか届かないそうだ。大企業が買い占めていて、そういうのを使えるのはエラい人たち。そして企業のトップのおじさんたちからねだってもらうことが出来るのは、料亭の女将《おかみ》、銀座クラスの女性たち。だから前の方に座っているのは、粋筋の美人が多いそうで、言われてみれば確かにそのとおりだ。

そこへ私が混じるのは大層気がひける。特に名前は出しませんが、意地悪な漫画家の人たちに見つかったらどうしよう。中にひとり異様にテレビと相撲が好きで、細かいチェックを入れる方がいるのだ。

が、若貴や舞の海を近くで見るという誘惑には抗しがたいものがある。ちなみに中野翠さんをお誘いしたところ、

「テレビに顔が映るから絶対にイヤッ」

と即座に断わられてしまった。やはり彼女なんかは、自分がそうしているからどんな目で見物人が見られているか、ちゃんとわかっているようだ。

「平気だったら。ナカノさんみたいに、鋭く意地悪く、後ろの人たち見る人なんか、そんなにいないわけだし。その中からナカノさんが一人抜けるわけだし」

おかしななだめ方をしたら、

「嫌なものは嫌なの。私が嫌だっていうことを、どうしてそんなに説明しなくちゃいけないのよ！」

とえらく怒鳴られてしまった。おお、こわ。プラチナシートの切符をあげようとして、それで怒られたらたまりません。

私は別の相撲フリークの友人を誘い、一緒に出かけることにしたのであるが、直前になるとやはりそわそわしてしまう。山梨の実家に電話をかけた。

「あの、お母さん、私、今日お相撲を見るんだけど、向こう正面の前から五番目だから

テレビ見ててね」

母親は大喜びで、親戚にも知らせようと何度も言った。

「相撲を見物中、テレビに映るかもしれない」

この期待と華やぎというのは、多くの人々に共通している、ということを私は今回初めて知った。中野さんのような存在こそ珍しいのだ。友人にも知らせておこうと公衆電話に立ったところ、電話中の若い女性の会話が耳に入ってくる。

「あ、お母さん、私、私。あのね、すっごく前の席なの。テレビに映るかもしれないから見ててね」

相撲が終わり、歩いていると何人かの男性が声高に話している。

「おい、おい、俺たちテレビに映ってたかもしれないな。後でダイジェスト見てみようぜ」

他の人にはなかなか手に入らない、相撲の切符を持ったという昂まりと得意さは、テレビに映っているかもしれないという非日常的なハプニングと、とてもつながりやすいらしい。

さて、私の相撲見物であるが、まわりに大変な反響をまき起こした。眼鏡をかけ、おとなしくしていたつもりなのに、見る人が見るとすぐにわかってしまったようだ。

「仕事サボって、あんなとこに居んなよなあ」

とある男性編集者。

「スローモーションビデオでもう一度っていうと、あんたの顔がばっちり映っていて、しっかり確認出来るんだよ」

その日から、会う人ごとに、テレビで見ましたといわれ、山梨の実家にも電話がやたらかかってきたそうだ。

「そうですかァ、わかりましたかァ」

なんだか嬉しいような、照れるような、が、決して悪くない気分だ。このところテレビ出演はいっさいお断わりしている私。

勝手に来て撮られる時が、たまにあるが、そういう時はあまり嬉しくない。それなのに「はからずも」テレビに映るというのはどうしてこんなに興奮するのであろうか。

「やっぱりあなたって自己顕示欲が強いのよ」

という人がいたが、それもちょっと違うような気がする。テレビというものに、自分でその場に出向いていって撮ってもらうのではなく、偶然からカメラのフレームに入ってしまう。出るのではなく、映る。これが普通の人とテレビのつき合い方だろう。これは、ただただ素直に嬉しい。なんだか純粋にテレビとつき合えるような気がすることでわくわくしてしまうのだ。

しかし私がテレビに出ている時は、あれこれ言われた。いまワイドショーで唾とばして喋っている汚ないおばさんたち。ああいうのはいいわけ、許されるわけ？　誰か教えてほしい。

おばさんの目

久しぶりにトーマスから電話があった。

「今、日本に居るんで、よかったら会いませんか」

彼は日本とドイツとのハーフ。七年前ミュンヘンを旅行していた時に知り合った。医者をしているパパが、留学中、大恋愛のうちにドイツ娘と結ばれたという、ちょうど鷗外の現代版『舞姫』ストーリーの末に生まれた男の子なのだ。

私と出会った頃はミュンヘン大学の医学部の学生であった。夏休みに帰国するたびに電話をくれ、よく一緒に遊んだものだが、このところ忙しくてとんと姿を見せなかった。三年ぶりに目の前に現れた彼はしゃれたジャケットに身を包んですっかり大人になっている。初めて会った頃は二十歳そこそこの美少年だったのだが、今はハンサムな青年医師。東京の病院で研修をしているという。

背は高いし、おしゃれだし、それにハーフといってもモデル風のそれではなく、ドイツ型の知的な風貌。診察してもらいに行き、こんなのが白衣着て現れたら、私、恥ずかしくて裸になれないワ、と言ったらフフフと笑う。

その笑い方も余裕があって、いかにも年上の馬鹿な女を相手にしてやってるぜ、という感じでなかなかいい。

食事の後、外車を運転して帰るトーマスを見送りながら友人がしみじみ言った。

「ホントに彼もすっかり大人になったわねえ……」

トーマスと出会った時、一緒に旅していた女友だちだ。

「知り合いの男の子が、だんだん大人になっていくのを見るって、嬉しいような淋しいような気分よねえ」

そうか、貴花田人気の源は、こういうところにもあるのかと、私の思いは例によってひょいと飛ぶ。あの優勝の日、日本の多くの女たちは「近所のおばさん」となって目をうるませていたっけ。

普通お相撲さんというのは、下っ端時代私たちの視界には入ってこない。平幕の力士をマークするのは、かなりの通である。けれども御曹子である貴花田の入門の日を、私たちは知っている。それどころか、デブの小学校時代の姿さえ、この目に焼きついているのだ。

これほど成長の過程をじっくりと見せてくれた男の子は、芸能界にもちょっといない。私のまわりの女たちが、

「自分のことのように嬉しい」

などと涙ぐんでいるのは、子どもの時から知っている男の子が、よくぞここまでという思いなのだ。

それにしても優勝パレードをする貴花田は、りりしく美しい。風格さえ漂っている。私はとてもじゃないが「近所のおばさん」になんかなれないよ。

「ああ、私がもうちょっと、いや、ずっと若くてかわゆくて、有力タニマチの娘だったらなあ。そしたら必死で売り込んで貴花田のお嫁さんにしてもらい、相撲部屋のおかみさんになるのになあ」

とつぶやいたら、「すごい！」と友人に感心された。

「あなたぐらいの年齢だったら、ふつう貴花田みたいな息子を持ちたい、って思うはずよ。それが若かったら結婚したかったと発想する図々しさ。あなたじゃなきゃ出来ないわよねぇ」

だそうだ。

が、私は素敵な若い男の子を見て、

「あんな息子が欲しい」

などと考えたら女もお終いだと思っている。なにも今したいなどと言っているわけではない。

「もっとずっと若かったらなァ」

という前置きがつくんだからいいではないかと居直った後で、いや普通の女性というのは、なかなかここまで大胆に言い切ることは出来ないかもしれないとも思う。いくら立派に成長しても、若い男性と自分との間には、大きな壁が立ちふさがっていることを知っている。だから、

「嬉しいような、淋しいような」

という、きんさん、ぎんさんめいたセリフになるのであろう。

この反対に知り合いの女の子が、成長したさまを見るのは、ただただ嬉しい。今年大学を卒業する親戚の女の子で、身内ながら美人だと思うコがいる。今どきのコだから、背が百七十センチあるうえに、顔がやたら小さい。ある雑誌の編集者に頼んで、

「春に向けて変身しましょう」

という企画に出してもらった。自分のことのように興奮し、彼女が髪をセットしてもらっている美容院にまで出かけていく騒ぎである。みなから、

「宮沢りえのママみたい……」

と笑われたほどだ。

私があまり心配するのでスタジオ撮影の帰り、そのコが寄ってくれたのであるが、私は思わず「まあ」と言ったきり声が出ない。プロのヘアメイクの人にお化粧してもらっているから、まるでモデルさんみたいだ。さっきまでの野暮ったい女子大生はどこへやら、ショートカットの洗練された女性がいた。

「私がおムツ替えてやったあんたが……」

そして私は叫んだ。

「よし、入社式のためのスーツを買ってあげよう」

私はつい勢いで、自分がいつも行くブティックへ連れて行ったのである。何も二十二歳の学生に、私と同じブランドの服を買ってやることもないと思ったのであるが、試着して鏡の前に立った様子につい財布の紐もゆるんでしまった。

知り合いの女の子の成長は、ただ無責任に目を細めていればいい。そしてモノを買ってやる楽しみもある。不思議なことに、

「私がこのくらい若かったら」

などと張り合う気持ちもまるでないのだ。まるで男の場合と違っている。

ところで女が「近所のおばさん」の目になる男の子を、私なりに挙げてみようと思う。みなが子どもの時から知っていて、成功がわがことのように嬉しくなる男の子たち。まずダントツ一位は貴花田、若花田ももちろん喰い込んでいる。それから今後の活躍次第

では長嶋一茂さん。渋いところでは中村勘太郎、七之助兄弟。それから番外編として畏《おそ》れながらあの方。もうそろそろ奥さまがお決まりというニュースが流れてますが、どうなんでしょうか。

お金持ちは何処へ

私のまわりにすごいお金持ちというのは一人もいない。ちょっとしたお金持ちは何人かいるが、皆住んでいるところはマンションだし、締めるところはどこか締めている。目もくらむようなお金持ちも世間には存在しているらしいのだが、そういう方は知り合いのそのまた知り合いで噂を漏れ聞くばかり。話のネタに本物のお金持ちの生活を見てみたいとずっと思っていたところ、

「それなら芦屋へ行ってみたら」

と教えてくれた友人がいる。

東京のお金持ちが住む一帯、成城や田園調布というのは、相続税のためにどんどん切り売りされている。そこへいくと関西のお金持ちはオーナー社長が多いので、お邸をそのままにしておくことが可能なのだそうだ。

恥ずかしながら（別に恥ずかしくもないが）、私は芦屋というところへ一度も行ったことがない。知り合いがひとりも居なかったからである。神戸から足を伸ばして見物に行ってもいいのだが、純粋にお金持ちのうちを見にいくだけのツアーって、ちょっとみじめったらしいと思いません？

豪邸見物はビバリーヒルズに行った時ぐらいでいい。お金持ちは好き、という屈託のなさと、お金持ちを見物しているところを見られるのは恥ずかしい、という見栄とが私の場合同居していて、コトはなかなかむずかしいのだ。

ところが最近知り合った若い男性が、

「ぜひうちに遊びに来てください」

と誘ってくださったので、京都へ行くついでにお邪魔することにする。

「僕のうちは芦屋といっても、あばら家ですから、決して期待しないでくださいね、お願いします」

何度も彼が繰り返したところを見ると、私はよっぽど興奮していたのであろう。

新神戸駅まで迎えに来てくれた彼に、

「『細雪』のロケに使ったのはどのあたり？　ほら、前に誘拐された令嬢が住んでたロクロクソーってどこなのよッ」

矢継早に質問する。車を運転しながら彼が言うには、このあたりもすっかり景色が変わってしまったのだそうだ。マンションも増えたし、ひとつの敷地の中に安っぽい白い住宅がいくつも建つようになった。

「ハヤシさんが考えているような芦屋は、もうむずかしいのと違います？」

私はすっかり考え込んでしまった。最近東京は右を向いても、左を向いても不景気な話ばかりである。ほれ、あのディスコが閉鎖された、あのイタリアンレストランが潰《つぶ》れた、などということばかり人はささやく。

「バブルがはじけた」という言葉は、すっかり使い古された感じがするが、東京の真中に暮らしていると、そのリアリティはひしひしと伝わってくる。

私がよく行くお店の、店員さんに尋ねてみた。

「おたくは高い輸入品を扱っているけど、バブルの影響はないわけ」

「ありませんよォ、うちは昔からのお客さんが多いですからね」

彼女はいったんあたりさわりのない返事をした後で、ちょっと声をひそめて言った。

「でも、いつも百万単位のお買物をされていた方で、最近ぱったりいらっしゃらなくなった方はいますね」

「ひぇー、百万単位の買物！　それってどういうコなの。不動産業者っぽいおじさまを従えてきてたんじゃないの」

「いいえ、いつもおひとりでいらっしゃって、何をしていたのかはまるっきり謎なんです」

そういえばひと頃、いろんなところに謎の女たちが満ち満ちていたっけ。もちろん年くってはいないが、極端に若くはない。年の頃なら二十七、八歳。水商売にも見えないが、そうかといって堅気のＯＬでもないだろう。

必ずといっていいほど髪は長く、ボディコンのなごりをとどめる服を着ていた。こういう若い女性たちが、私がごくたまにしか行けない高級お鮨屋のカウンターとか、ヨーロッパ線のファーストクラスの中にいた。

いったいあの女の子たちは何者なのだろうか！　いつもわき上がる好奇心と戦うために私は苦労したものである。

景気のいい不動産屋の愛人なのだろうか。しかしどう考えても愛人を持つ不動産屋さんがそれほど多いとは思えない。それに不思議な女の子たちの正体を、

「株をやったり、土地をころがすバブル親父の愛人もしくは娘」

と一括するのは、物書きとしてあまりにも底が浅いような気がして口にしたくなかった。

「お客さまのことを、こんなこと言っちゃいけないんですけどね」

私の執拗な口調に負けて、店員さんはぽつりぽつりと話し出す。

「実は私、彼女を何度か見たことあるんですよ。表参道でよくビラを配ってらっしゃい

ました」

どんなビラを配っていたか、どういう種類のものを売っていたか、ここで言うのは避ける。なぜならまだそのテのビラを配っている人たちがいるからだ。

店員さんが言うには、彼女はおそらく歩合制で、ひとつ売るたびにかなりの額が入ってきたのではないかということである。

残念ながら彼女の勤めていたお店はない。暮れからお正月にかけて、ずうっとセールが続き、しつこい客引きがあった。こりゃあ早晩閉店するなァと思っていたところ、やはりそのとおりになった。今はコンクリートの吹きさらしの店に「貸店」の紙がかかっている。

彼女もバブル経済のあだ花ということになるだろうが、私はなんだか「あっぱれ」と肩を叩きたくなってきてしまった。

機に乗じて楽しい思いをしたのは、男たちだけではなかったのだ。女だってちゃんともらうべきものはもらい、楽しむものは楽しんでいたのだ。それも愛人になることなしに、自分の手で。

それにしてもお金持ちは何処へ行ってしまったんだろう、田園調布や芦屋から去っていった人たちは。そしてわずかの間にあぶく銭を手にした女の子は。せっかく一部正体がわかった時に、彼女たちはもういない。

お化け

着物の普及に貢献したというので、京都市からグレース大賞という賞をいただけることになった。歴代の受賞者を見ると、みんな女優さんばかりだ。かなりひるんだものの、例によって自分のいいように解釈する。

「そうか、そうか、私のようながさつ者《もん》でも着物を着るということになれば、普通の人たちもその気になるということかもしれない」

それに私の予想によると、今年ぐらいから着物の流行に本格的に火がつくのではないか。今までも若い女性たちの間に、着物を着たいという欲求は、かなり長いことくすぶっていた。それが芽を吹いたといおうか、カタチになったのが昨夏のユカタブームなのである。

浴衣でなくてユカタ。年配の人からみれば着物のうちには入らない簡単着でも、若い人からみれば、袖《そで》があって帯を締めてと立派な着物だ。成人式の時に着た振袖と本質的には同じ。ちょっと布が違うだけなのよねえ、ということになるらしい。

私も噂に聞いていたが、昨年の夏、中野翠は銀座の歌舞伎座で、ユカタ姿の女の子を目撃したという。デザイナーものの原色ユカタを着、嬉々としていたそうだが、女の子の意識としては、

「着物で、歌舞伎見物に行っちゃった。素敵でしょう」

ということだろう。

もちろん大変な勘違いなのであるが、その心根はどこかいじらしい。誰かちゃんと導いてあげる人がいれば、明日の小紋へと繫《つな》がるものではないか。

などとエラそうなことばかり言っているが、私も着物に関しては恥ばかりかいている。まず立ち居ふるまいがなっていない。基本である正座が、とても苦手なのだ。それ以上に私の動作はすべて男っぽいと人は言う。

「どすどす足音がして、ガラッと襖《ふすま》が開く。そしてぴしゃん。やることにいちいちすごい音がするんだから」

よく母が嘆いていたものである。

こんなことではいけない。優雅とか、女らしいという言葉は望むべくもないが、まあ人様が眉をひそめない程度にはなりたい、ということで私は茶の湯（これははっきり言

ってサボりきってる）を習い、いま日本舞踊に挑戦していることは既にご存知だと思う。もともと歌舞音曲が大好きだった私にとって、日本舞踊はぴしゃりと相性があったようだ。何が楽しいって、週に二回のお稽古日の待ち遠しいことといったら……。人から見れば噴き出すような踊りでも、本人はほとんど陶酔してやっているのだ。そして私は考える。

「こんな楽しいことを、どうして職業に出来ないんだろう」

もしかすると私は物書きより、芸者さんに向いているのではないだろうか。私は昔から有吉佐和子さんや宮尾登美子さんがお書きになった小説が大好きだが、花柳界が出てくるものはほとんど熱愛しているといってもいい。三味線や着物の描写となると、好きで好きで、舌なめずりするようにして読んでしまう。

私は我儘で人見知りの強い女であるが、それも名前が知られるようになったからで、もともとは愛想のいい、腰の低い性格。華やかな売れっ子は無理だとしても、座持ちのいい、それなりに重宝がられる年増芸者にはなれたかもしれない……。

などと踊りながら考える私は、なんと図々しいのだろうか。が、習いに来ている中に本当の芸者さんもいらしたりして、そちらの世界は私にとって日いちにちと近しいものになっているのは本当だ。

そんなにお好きならばと、ある方が浅草のお料理屋さんに招待してくれた。節分の日は「お化け」と言って、芸者さんたちがいろんな扮装をするのである。

年増の芸者さんは半玉《はんぎょく》さんに、半玉さんはうんと渋い年増の芸者さんの格好をする。男装をしたり、とんでもないドレスをまとったりすることもある、というのを私は小説を読んで前から知っていたが、見るのは初めてだ。

まずお小姓姿のお姐さんが二人、民謡を踊ってくれ、その後入れ替わり立ち替わり、芸者さんたちが小グループを組んで登場する。浅草という土地柄なのか、ＳＫＤ風の扮装とダンスがとても多い。みんないろいろに工夫している。中には踊りながらカクテルをつくる人もいるほどだ。

年に一度のお祭りだからと、着ているドレスは随分と大胆で、スリットなんか太ももまでしっかり目に入ってしまう。普段着物の奥に隠されている太ももや腕は、とても健康的で、私はちょっと安心してしまった。

「アレなら私とそう変わんないんじゃないかしらん」

もちろん若くて綺麗な芸者さんも多いが、年増のお姐さんたちが迫力がある。他のところはほとんど知らないが、浅草の芸者さんの愉快で気持ちのいいことといったらない。客を楽しませるというサービス精神に溢《あふ》れていて、本当に接客のプロフェッショナルという感じなのである。特に女客に対する心くばりは見事で、こういうところに慣れていない私たちを上手にあやしてくれる。

祭りの最後は、踊りの名手といわれるお姐さんが二人、長唄で渋く踊ってくれた。さっきまでの「お化け」の楽しさとうって変わり、これは凛《りん》とした伝統の世界である。私の隣りにいた友人は、伝統文化を保存する仕事に就いているが、心から感動していた。

「今まで漆《うるし》や着物のことばかり考えていたけど、これも絶対に残さなきゃいけない伝統よね……」

私は少し酔っぱらったこともあるが、昼は物書き、夜は芸者さんの生活が出来ないものかと本気で考えた。

実を言うと、私のこんな熱意にほだされたおかみさんが、一日だけ芸者さんの衣裳を着せてくださるということになっている。仕事関係の方は誰も招《よ》ばず、ごくごく身内だけのお座敷で、私は芸者さんとなり、長年の夢を果たすことになる。

「本当は来年の〝お化け〟にそういう格好をしようと思ったんだけど……」

と人に言ったら、

「それで十分お化けだよ」

だそうである。

非常識な人々

春休みになると、深夜かかってくる電話が急に増える。こういう時、とらずにはいられない自分の性《さが》が、つくづく怖ろしくなる今日この頃である。

たいていは悪戯《いたずら》電話だし、そうでなかったら女の子の声が出る。

「もしもし、私、愛読者なんですけどォ、ちょっとハヤシさんを呼んでいただけませんか」

「いま仕事中なんですけど」

「ああ、そうですか。じゃ頑張るように言ってくださいね」

えらそうにと、いささかむっとするものの、こういうのはまだ可愛い方、好意が源となっているもの、といいように解釈する。

が、もっと図々しい女の子も多い。そしてこういうのに限って、声の主がすぐに私だと見破る（聞き破るか？）。

「よかったァ、私、いろいろお話ししたいと思ってたんです」

「私は忙しいんですけどね」

結構皮肉をきかせたつもりだが、今日びの女の子にはなかなか伝わらない。かえってきょとんとされてしまう。

「だって私、お話ししたいんですもの」

こういう時、私の中で湧き起こる不思議な力がある。

「あのね、今何時かしら。十一時四十五分、知らない人のうちに電話するのには、ちょっと遅すぎるんじゃないの」

そこまで言われると、さすがの相手も、「ごめんなさい」と言う。やっぱり可愛いもんである。

こういう女の子とは別に、仕事の依頼の電話というのもくる。こちらの方はなぜか若い男の声で、

「もしもし、ちょっとコメントお願いしたいんですがね」

と早口だ。私はこういう人にも、もちろん嫌味を言う。

が、もっとすごい獲物（？）がひっかかってくるのは、ファクシミリではないだろうか。

つい先日、何気なく受信ボードを覗《のぞ》いた私は、あまりのことに頭にカァーッと血がの

ぼってしまった。

それは某大手広告代理店の横浜支社からのもので、

「あなたは○○製パン主催のトークショーの候補になっています」

とある。

「ついてはプロフィール・写真を至急送ってください」

私は別に候補にしてくれと頼んだ憶えもない。言っちゃナンであるが、さまざまな講演やイベントの依頼は私のところに毎日いくつもある。わざわざ自分のプロフィールを送ってお願いする必要はないのだ。

それにファクシミリを送ってきた先は、世界に誇る大パブリシティ会社だ。パソコンのキイをひとつ叩けば、たちどころにハヤシマリコの資料ぐらい出てくるだろう。それもしないで、勝手に候補にしておいて、資料を送ってこいとは何なんだ。

というようなことを私は言ってみたくてたまらない。自分ですぐさま電話をかけたくなり、秘書のハタケヤマさんに止められた。

「こういうことは私がしますから。ハヤシさんは表に出ないでくださいよ」

そんなわけで電話はしなかったが、この一日二日、私はそわそわしてしまう。

「ねえ、あのファクシミリを送りつけてきたコ、どんなコだった」

「すごく若い女の子みたいですよ。私が候補の段階でどうのこうのという仕事はしてません、こういう依頼の仕方は失礼じゃないですか、って言ったら、そうですか、すいませんって謝ってましたけどね」

そうか、若い女か、やっぱりなあ。若い女なら仕方ないかと思うものの、この安易な結論で済ませたくない。

「でもさ、新人の若い女性だって、あの会社の名前で仕事しているわけでしょう。自分のやったことに対しての責任を取るべきじゃないかしら」

この理屈を会ったこともない、その女性に言ってみたくてたまらなくなる。

「そういうエネルギーは、本当にすごいわよねえ……」

仲のいい友人がしんから感心したように言う。

「ああ、世の中には非常識な人がいるんだなァ、ってひとりで思えばいいじゃない。どうしていちいち訂正したり、抗議しなくちゃいけないの。そういう無駄なエネルギーを使うことはないのよ」

この意見は全く正しい。けれども私はすごい非常識やすごい悪意を持つ人々と、直接言葉を交してみたいという願望をおさえることが出来ないのだ。

最近はもう来なくなったが、結婚の前後、私に対するものすごい悪口を書きつらねた手紙が届けられたことがある。それを見て私は驚いた。

言葉の選び方といい、女のいやらしさを前面に出した様子といい、憎々し気なもの言いといい、なんだか私にそっくりじゃないか。

違っているところといえば、他人の悪口を私が言う場合、中野翠なんかとの長電話に限られているが、手紙の女性はそのままカタチにしてしまっている。

そして彼女は何も持っていない。私は彼女が憎いと思うほどたくさんのものを持っている、ようなのだ。

「もし私があのまま普通の女でいたら、たぶん私もこういう脅迫状まがいのものを有名人に出したんじゃないかな。そう思うとコワイ」

中野翠にそう告げたら、

「うまいこと言うじゃない」

とエラく誉められた。もし出来たらこの手紙を書いた女性と直に会えないかしら。そうしたら私が抱き続け、成長したかもしれないものを間近に見ることが可能かもしれない。物書きの一人として、私は非常識な人、普通じゃない人と話をしてみたい。本当に。

「なあんだ、そんなことなら簡単ですよ」

この欄を担当してくれている編集者が言った。

「うちの編集部に遊びにくれれば、夜中にいくらでもそのテの電話がかかってきますよ」

そういうのは異常っていうの。私はあくまでも普通の人たちが抱く勘違いと、憎悪についてて知りたいだけなんだ。

超能力

春になった。春情という言葉があるが、うちのメス猫もなにやらもやもやしてきたような気配がある。けれども外には出られぬ、オスは去勢済みというありさまで、ストレスがたまっているらしい。

昨夜見たら、なんと後頭部に円形脱毛が出来ているではないか。ああ驚いた。

私はといえば、書き下ろしの長編小説を、おとといやっと脱稿した。おととしの取材旅行から数えると、なんと一年半かかったことになる。連載だけで手いっぱいの状態に、これまた書き下ろしが加わるとなると、相当の克己心と根性が必要だ。

もとより私にはその持ち合わせがなく、ずるずると日にちだけがたってしまったのである。

最後の原稿用紙にナンバリングをうち、

「やった、やった」

と叫んだ喜び。これが終わったらしたいことがいくつもある。たまりにたまった『ツイン・ピークス』のビデオも一気に見たいし、買ってきた本も積んである。冬の間にぶくぶく太った体を締めるために、スポーツクラブにだって行きたいぞ。

春、いいな、いいな。年増になり、新学期や入学というものに縁がなくなっても春になると私の心の中にぽっかりと「希望」という言葉がうかぶ。華やいだ気分になる。冬を耐えぬいて生き残ったノラ猫たちが、陽だまりの中お昼寝をしているし、私はピンクのセーターを着たりする。

ところでこの春、私は大変な発見をした。どうやら私は超能力があるらしいのだ。それは今まで潜在能力としてあったのだが、このところ非常にとぎすまされてきたようなのだ。私が噂をしたり興味を持った直後に、その本人であるところの有名人が私の前に現れる。このことは前にお話ししたと思う。これを長いこと偶然だと考えていたのだが、どうも違うらしい。私にはそういう超能力があるのである。というようなことを言えば、

「お前自身がしょっちゅう有名人のいるところに出入りしているのだろうから、そんなのあたり前だ」

という意見があるかもしれない。だが、私は夜出かけることもないし、六本木や麻布というところとも縁遠い。芸能人の方とは対談以外にまずおめにかかる機会もない。あ

の方たちを見るのは、普通の人と同じようにワイドショーか週刊誌でだ。

一週間前も私は飛行機の中で、女性週刊誌をめくっていた。美川憲一さんが小林幸子さんとどうのこうのという記事が出ている。

「そうか、案外お似合いかもしれない」

と頷き、ふと顔をあげると、私の目の前に美川さんがいらっしゃる。ちょうど乗り込んできて通路を歩いているところであった。いかにも芸能人らしいサングラスをかけ、顔を目立たなくしているが、あたりに漂うきらびやかな空気は隠しようがない。

熊本のホテルに着いたら、美川さんのディナーショウの看板が出ていて、私はなんだか嬉しくなった。地元の人に自慢する。

「私、来るときの飛行機の中で、美川憲一さんと一緒だったんですよ」

「美川憲一といえば、熊本はコロッケの出身地でもあるんです」

「へぇー、そうなんですか」

話はここで終わらない。次の日、私は八代《やつしろ》に宿をとる。夫の父親が八代の出身で、墓もそちらにある。今回は墓参と親戚まわりが目的であった。熊本のホテルと違い、八代にはビジネスホテルにケが生えたようなところしかない。そのホテルのフロントの横に小さなコーヒーハウスがあり、夫と私は朝食をとっていた。背中の方が騒がしくなった。よく通る声の東京弁の一団が食事をとっているらしい。

「あれーっ」

壁を背にしていた夫が、私にささやく。

「君の後ろにいるの、コロッケっていう人じゃない。テレビによく出てるヒト」

話はこれで終わらない。昨日のこと、私は新幹線の個室に乗って名古屋に向かっていた。一人用の個室は初めてだが、本がよく読める。私は今度連載する小説の資料を読んでいた。戦前の映画界のことが書いてある資料で、中に北林谷栄さんの記述がある。映画『大誘拐』でますますファンになった私であるが、戦前の生証人としても今や重要な方だ。私は赤マーカーで線をひき、

「手をつくして会うようにすること」

と記した。そして名古屋が近づき、ドアを開け外に出たとたん、私は心臓が凍りつきそうになった。隣りのドアから北林さんご本人が出ていらしたではないか。たったおひとりで軽装である。私は失礼も省《かえり》みず話しかけようとした。が、北林さんはそれより先に、女性のパーサーに声をかけた。メモを彼女に見せる。

「ここに行きたいんだけど、名鉄はどう乗り換えたらいいの」

しかしパーサーはわからないという。チャンスだと思った。私を出迎えにホームに地元の電通の方がいらしている。その方に聞けばすぐ名鉄の乗り方ぐらいわかるだろう。そこにお送りしながら、ちょっとお話しさせていただくのはどうだろう。

やがて新幹線は名古屋駅のホームに止まった。私は一足先に降り、まだメモをかざしたままの北林さんに声をかけた。

「私が知ってます。私にお送りさせてください」

そこへちょうどスーツ姿の男の人が近づいてきた。

「よかった。北林さんは名鉄にいらっしゃりたいんですって」

そして北林さんに頭を下げた。

「先生、私、ハヤシと申します。あのお荷物お持ちいたしましょうか」

そして三人でホームの端に向かって歩き出した。しかしさっきからどうも気になる。迎えに来てくれた男の人の、私に対するよそよそしさがおかしい。

「あの、私を迎えに来てくださったんでしょう」

「違います」

男はそっけなく言った。

「私は北林さんをお迎えに来たんですけど……」

私がすぐにUターンしたことは言うまでもない。私に超能力が芽生えたのはいいが、それに酔ったばかりにとんだ恥をかいた。

芸者さんになった

日本舞踊のお稽古の帰り、池田理代子さんが不意にこんな質問をした。

「ねえ、今度生まれかわるとしたら何になりたい？　私はオペラ歌手よ」

「女優かしら」

と奥谷禮子さん。私は言った。

「やっぱり芸者さんよ」

そんな私たち三人が、ひょんなことから芸者さんの格好をすることになった。着るのは〝出の衣裳〟。お正月やお披露目の時に着る正式なやつだ。よく映画やお芝居で見る、ひきずる長さの黒紋付である。

これにかねてから憧れていた私は、嬉しくて嬉しくてたまらない。お座敷にもちゃんと出て、おさらい中の踊りもお見せすることになった。

池田さんが知り合いの浅草の料亭『花谷』のおかみさんがすっかり用意してくださり、鬘屋《かつらや》さんも箱屋さんも一流の方を頼んでくださった。取材でも何でもない、純粋な遊びで芸者さんに化ける私たちには、全くもったいない話である。

といっても、やるからにはのめり込むタイプの私たちは、忙しい中、わざわざ浅草の髪結さんへ鬘合わせに出かけた。鬘というものを生まれて初めてかぶったが、その第一印象は、

「ああ、結婚式はウェディング・ドレスにしてよかった」

というものである。丸ぽちゃで顔が大きい私が、島田の鬘をかぶると完璧に「満月狸御殿」だ。恥ずかしい。恥ずかしいが、一度でいいから芸者さんの格好をしてみたいという誘惑の方が強い。

そして当日がやってきた。八時からの〝お座敷〟に備えて、五時から着替えを始める。浴衣を胸まで抜いてのお化粧だ。これは本物のお姐さんがしてくださった。水白粉《おしろい》というのも生まれて初めてしたぞ。小説に出てくるとおり、本当に首すじがひやっとした。顔も首も真白に塗り、目のあたりに紅をさす。口も二分の一ぐらいのおちょぼ口にしたら、なんだか鬘も似合わないこともないような気がしてきた。

「でもそんなに胸を張って、顔を上げないように」

鬘屋さんが言う。

「髪はうつむくようにすると、軽くなってラクですよ。それから衿の縁も綺麗に出ます。でも最近のお嫁さんはこれが出来なくてね」

なるほど鬘をかぶる時代、女はぐいと頭を上げなかった。日本髪の鬘はやはり古い女たちの動作で成り立つのだと納得する。

化粧が終わった頃襖が開き、実直そうで品のいい初老の男性が現れた。チョッキにネクタイを締めた様子は、どこかの役所に勤めている人のようだが、この方が箱屋さん。力がいる女の衣裳を着つけてくれる方だ。今浅草で箱屋さんは一人だけだという。黒い豪華な紋付を着せてもらい、丸帯を腰のあたりで斜めに結ぶ。なんだか三人共、それらしくなってきたじゃないの。

予想どおり、いちばん似合うのは池田さんで、流水模様のすっきりした黒紋付でしなをつくると、本職と間違えるほどの色気が溢れる。意外なのが奥谷さんで、この人は照れるとか物おじとかが皆無であるから堂々としてきまっている。おまけに学生時代、歌舞伎研究会に入っていたとかで、こういう衣裳に慣れているのだ。屏風の前で、「いらっしゃいませ」と手をつく動作もなかなかのものだ。

哀れなのは私で、どこをどう踏んでいいものやら困ってしまう。なにしろおひきずりの着物だから、歩くたびに裾を踏んでしまうのだ。

「まり菊ちゃん（私の源氏名）、駄目よ。着物の裾をこう持って……」

一日姉さん芸者の千景さんが、歩き方を教えてくれる。「左褄《ひだりづま》をとる」とはよく言ったもので、着物の裾をひょいとからげ、左手で持つのだ。

「それもあなたみたいにガバッ、とじゃなく、手の甲をこうして中に入れ、人さし指を隠すの」

いろいろ指導してくれる千景さんは、踊りの名手のうえにすごい美人だ。それもそんじょそこらの美人ではない。日本人形のような涼やかな美貌なのである。お母さんも置屋さんをしているそうで、いかにも花柳界のエリートといった風情。〝小股がきれあがった〟という表現を初めて実感としてもった。

「お姉さんありがとう」「お姉さん、すいません」。いかにも妹芸者らしく神妙にマナーを教わる。千景さんは私に、

「まり菊ちゃんは座持ちがいいから、正式にうちの置屋に入れてあげてもいい」

とまで言ってくださった。

ヘタな踊り、というより手足を一応動かして見せ、お酌の真似のひとつもする頃には、次第にもの足りなくなってきた私。なぜってギャラリーがいないんですもん。みんな、あら綺麗、あら似合うわ、などと言ってくれるが、お世辞だと思う。思うものの、ちょっと確かめてみたいような気もするの。つまり知り合いやプロの芸者さん以外の、純粋な第三者の目というものが欲しい。

ギョッとするだろうか、それとも本物に間違えてくれるだろうか。

「あの、他のお座敷にちょっと出ちゃいけないでしょうか」

と尋ねると、おかみさんはギョッとして、

「生憎と、さっき皆さんお帰りになっちゃって」

と言う。それならば浅草寺の方にでも行こうかな。

「あそこは夜になるといろいろ物騒よ」

私の希望としては、京都の舞妓さんのように、外にいったん出ると、カメラを持った観光客に囲まれるのがいいな。

「本当に、あなたって自己顕示欲が強いんだから」

ぶつぶつ言いながら、池田さんと奥谷さんもつき合ってくれ、三人で外を歩くことにした。百メートル離れた見番《けんばん》へ行く。私たち以上にのりやすく、陽気な浅草の芸者さんたちが、キャッキャ笑いながらつき添ってくれる。

ちょうど隣りのお鮨屋さんから出てきた馴染みの男性がいた。

「ちょうどよかった。今度うちからお披露目する妓《こ》たちです」

と紹介してくれ、私は「よ、ろ、し、く」と首を斜めにしゃくる。が、おじさんはけげんな顔をし、しばらく立ちつくしていた。

春の宵、一晩だけの変身物語。衿白粉はまだ私の首すじに残っている。

誕生日前夜

ある程度年増の女だったらわかってくれると思うが、誕生日前の日のたつのの早いことといったらどうだろう。

二カ月前、意識した時点から加速し、一カ月前になるともう悪夢のように早く過ぎる。月曜日が来たかと思うと金曜になり、月が替わったかと思うと月末になってしまう。もう「ヒイーッ」と悲鳴を上げたくなってくるほどの早さ。そして誕生日が過ぎ、年齢が加算されたとたん、時の流れはまたいくらかゆるやかになってくるようだ。

特に私の誕生日は、四月一日と非常にキリがいい。年度末で世間もあわただしい頃である。だからなおさらこの間の時の早さといったら、こちらは呆然としてなすすべもないのだ。

なすすべもないが、少しは抵抗したいと思うのが女心である。私は全身エステティックに出かけることにした。

そんなことをするより、水泳に出かけた方がいいんではないかと言う人もいるが、すべてに関して人まかせが好きな私。努力せずに眠っている間に、誰かがキレイにしてくれるというのが理想だ。

さっそく予約を入れると、十日後が空いているとのこと。このサロンは一日に二人しか客をとらない。六十歳ぐらいのベテランの女性が、三時間から四時間かけ、精魂込めてマッサージしてくれるのである。

そのかわり料金は高い。かなりの金額なので私も何カ月にいっぺんの割合である。現に今年に入ってから初めてのエステだ。一応体調も整え、お金も用意し、それなりの心づもりをしていたところ、編集者からストップがかかった。

「僕は待つつもりだったんですが、印刷所が絶対に無理だと宣言しました」

編集者の方にはさんざん迷惑をかけている私だが、印刷所という言葉には弱い。自分が極悪人になった気がする。

そんなわけでエステ行きはあきらめたものの、代わりに誰かを探さなくてはならない。二人の客しかとらない店で、その片方が直前になってキャンセルしたら大変な痛手になるだろう。

「ねえ、私がもちろん料金払うから、私の代わりにエステに行ってくれない」

何人かのヒマそうな友人にあたってみたが、みな急に言われても四時間はとれないという。

こうなったら最後の頼みの綱は、秘書のハタケヤマさんだ。彼女は私の代わりに何度か顔のエステに行ってくれたことがある。ところが出勤してきた彼女は、即座に拒否するではないか。

「勘弁してください。顔のエステならともかく、あそこは裸になるんでしょう。私、恥ずかしくて駄目です」

裸といってもタオルでおおってくれるし、相手はお婆さんだからといっても彼女は〝NO〟という。

仕方なく私は自らエステに出かけることにした。本当に申しわけないが、印刷所の人たちには泣いていただこう。これで私のことをすっかり嫌いになり、作業をするたび、

「この女の本が絶対に売れませんように」

と呪いをかけられたとしても、自業自得というものである。

それにしても、やっぱり正直にエステと言ったのがまずかったな。この場合はマッサージと言えばよかったのだと思ったがもう仕方ない。居直って行かせていただきます。

「ヘンなハヤシさん」

ハタケヤマ嬢が言う。

「キャンセルすればすむことじゃないですか」

私は言った。

「あなたのような勤め人の娘にはわからないかもしれないけど、商売やっていたうちに育つと、そういうことって絶対に出来ないのよ」

買物に行く時もそうだ。私の近くの商店街には二軒の八百屋さんがあり、一軒はとても流行っているが、もう一軒はそうでもない。

流行っていない方は、お爺さんとお婆さんが二人でやっていて、私は出来るだけここで買おうと思っているのだが、品《しな》がよくない。家に帰ってきてよく見ると、いたんでいたということが何回かあった。

流行っている八百屋の包みを手にしている場合、私はまわり道をして、もう一軒の店の前を通らないようにする。われながら馬鹿らしいと思うのだが、もう習慣になっているから仕方ない。

私が育った田舎の、駅前の商店街は、その中でことが足りるようになっていた。近所には何軒かの洋品店があり、そこはうちのお得意さんでもあったから、替わりばんこに買う。修学旅行に着ていった花の刺繍入りのブラウスも、二軒先の洋品店で買ったものだ。しかし私は、甲府のデパートのものが欲しくて仕方ない。あちらの方が、ずっとしゃれたものが揃っているのだ。

しかしわが家では「買物は近所で」という方針を崩さず、たまにデパートで買って来る時の気の遣いようときたら、いま思い出しても滑稽だった。デパートの袋をぶらぶらさせ表通りを歩くことはまず許されない。駅を降りると、貨車の積み出しをするホームを伝い、集積所に降り、それから有刺鉄線をはりめぐらした柵の間から、わが家の裏庭に帰ってくる仕組みだ。近所で買物をした時にも、A店の包みはB店の前を通る際に、洋服の下に隠す、あるいは包み紙を用いず、さりげなく買物カゴの中に入れる。コソ泥もかくやと思われるほどの知恵を絞ったものだ。うちばかりではない、あの頃、小商いをしている家はみんな相手のことばかり考えていたものだ。

夕方になって、友人のひとりから電話があった。

「エステの代わり、見つかった?」

「あれは私が行ったわ」

「そう、よかった……」

ため息をついた後で彼女が言う。

「やっぱりあなたは商売屋のコよね。私もそうだから、すごく気持ちわかる」

子どもの頃、母や伯母の様子を見て、なんとしみったれて、気を遣う買物だろうと思っていたが、自分がいつのまにかそのとおりのことをしている。

年をとるというのは、新しい自分の発見でもある。

人間は進歩する

先週号のビートたけしさんの「場外乱闘」を読んで嬉しかった。初めての茶の湯がとてもお気に召したようだ。

なかに出てくる、

「品のいい、話のおもしろいオバさん」

は私のお茶の先生で、編集部から依頼されてご紹介した次第である。うまくいったろうかと心配で、先日伺ったところ、先生も大層ご機嫌であった。

「ビートたけしさんは、よく勉強していらして、その質問の鋭いことといったら、私も舌を巻きました」

八十三歳の先生は、もう私みたいな年寄りは何を言ってもいいのよ、と公言なさり、かなり厳しい。はっきり言うとお口が悪い。相手がいくら有名人でも決して迎合なさらない方だが、その先生が口をきわめて誉めそやしたので、私は驚いてしまった。

「竹の花入れはどういうところがいいのか、この織部の茶碗はどうして曲がってるんですか、ってお聞きになるのよ。あなたたちにこういう質問が出来ますか」

「出来ません……」

「そうでしょう、あの方はずばずばそういう質問をなさり、私がお答えするとすぐ理解してくださいましたよ。おかげで私もとても楽しかったです。やはり一流の方は違いますね」

その場に居合わせた私たち弟子一同は、深く感じ入ったのである。私も負けてはいられない。さ、お稽古、お稽古。といっても、お茶道具に触れるのは初釜以来というていたらくである。

平手前《ひらでまえ》を練習しようと思うのであるが、すっかり忘れていた。

えーと、こう襖を開け、まず一礼して……。

この時、不思議なことが起こった。釜の前で座る、立つ、足をひく。この一連の動作が実にスムーズに出来るではないか。

はっきり言って、このあいだまで私は、この畳の上での立つ、座るという動作がとても苦手であった。体が重たいことがあるだろうが、立ち上がる時は「どっこいしょ」と心の中でかけ声をかけていたものである。

あるお茶会の時に、パッと立ち上がろうとしたところうまくいかず、脚が大きく割れ、着物の下着まで皆の目にさらしたことさえある。私が茶の湯のお稽古をサボってばかりいるのも、この「よっこらしょ」体質が大きく原因している。

ところがどうだろう、右足で立とうと思えばすんなりすっと上にいく、まるで自分の体じゃないみたい。先生もおっしゃる。

「まあ、ハヤシさん。あなた別人みたいですよ」

どうやら日本舞踊が大変な効果を上げているらしい。嬉しい、本当に嬉しい。この年になっても、人間はちゃんと進歩するものだということがわかった。

カラオケにしてもそうだ。私は声の綺麗さには自信があったが、音域が狭いために随分レパートリーが限られていた。しかしこのところの練習の成果で、演歌もこなせるようになった。

これも近くに出来たカラオケボックスのおかげである。カラオケボックスといっても港区にあるやつだから、しゃれたインテリアにミラーボールと、いろいろ凝っているのも嬉しい。他のグループに遠慮することもないし、ここなら思う存分に歌える。ピンク・レディの〝振り〟だって可能だ。

そういう技術面ばかりではない。私の中で大きく変わりつつあるものがある。

昨日のことである。ある雑誌のグラビアで、篠山紀信さんが私を撮ってくださった。

終わった後、ポラロイド写真を皆で見たのだが、いちばん驚いたのは私ではないだろうか。

篠山さんがお撮りになったので、実物の百倍ぐらい綺麗に写っているのであるが、それよりも目を見張ったのは、私の顔の輪郭が以前とはまるで違っていることだ。締まりなくぶくぶくふくれていた丸顔が、シャープな面長になっている。もちろん他の人と比べればまだ丸ぽちゃのデカ顔であるが、それでも頰の線はすっと尖って来ている。

この何年来、全くテレビに出演していないから、この写真を見て、私だと気づく人は少ないのではないだろうか。二年前から歯の矯正をしている効果がはっきりと現れている。

「ハヤシさんみたいな人は、歯を直すとうんと変わりますよ」

と歯医者さんから言われたが、本当だったようだ。うーん、こんなにも変わるものかとひとり感心する。

が、感心していたのは私ひとりではなかったようで、私のまわりで最近、歯の矯正を始めた女がやたら増えているのだ。

「あなたばっかりいいメにはあわせない」

そう宣言して、大の仲よしA子がおととい見事に歯の矯正装置をつけた。

「あなたってこのところ年とったら、ますます出っ歯になったみたいね」

という私の言葉に深く傷ついたことも原因しているようだ。

といっても最近の矯正装置は、透明になっているのであまり目立たない。ましてや彼女は歯が大きくて長いので、ワイヤーが上の位置、唇の陰になる。大反対していた母親さえ気づかなかったそうだ。

「こんなことならもっと早く始めればよかった」

と彼女は言う。

私は日舞、茶の湯、着付けという和モノを習っているが、彼女はピアノ、英会話、ゴルフと洋モノに夢中だ。私も春になったので、またゴルフのレッスンを開始しようと思っている。

皆がなぜこれほどゴルフを好きなのか、このところはっきりわかるようになった。ゴルフは成果がちゃんと出、進歩することがわかるものだからだ。大人になると、習えばちゃんと進歩するものは本当に数少なくなる。

だが人は必死にそれを探して頑張らなくてはならない。習う、努力する、進歩するというのは人間の基本的な喜びなんだ。

しかしそれを二十年前に知ってればなあ。二十年前の週刊誌の東大合格者一覧に（当時はなかったっけ）載ってたかもしれないな。東大はどっちでもいいとして、今よりかずっとマシな人間になれたに違いない。来週はいよいよ誕生日。

造詣が深い

グレース大賞受賞のため、京都へ行く日が近づいてきた。その一週間前からは、着物のことばかり考えてきた、といっても過言ではない。

グレース大賞は副賞として着物をいただけることになっているが、その着物とは別に授賞式のための着物がいる。

どうせなら桜の着物にしようと思いたち、あれこれ展示会を見に行った。

ところが最近の呉服屋さんというのは、桜の着物を置いてないのだ。桜の模様だけだと着られる期間は本当に短くなる。春の短い間しか着られないということで、この頃の着物はみんな四季の花が入ってしまうということだ。

よく探せば桜の着物はないこともないのだが、やたら派手だったり、そうでなかったら渋い年配向きだったりする。

ようやく気に入ったものを見つけ、下着も細かい桜模様のものをつくってもらう。これでひと段落と思いきや、いつもの呉服屋さんから「待った」がかかった。京都の授賞式にはぜひうちのものを着てもらいたい。職人もそのつもりで、徹夜で頑張ってくれました。ほれ、このとおり、と拡げた着物は、大津絵が愛らしく描かれた、これまた春らしいものである。

この呉服屋さんにはいつもお世話になっていて、義理というものがある。私の晴れの日に、ぜひうちの着物を、という気持ちも嬉しい。そうかといって、季節に合った桜の魅力も捨てがたいものがある。

あれやこれや悩んでいたら、精神的負担がおかしなかたちで出て、なんとギックリ腰になってしまった。立ち上がろうにも力が入らないのだ。

這《は》うようにして仕事をしていると、知り合いの編集者と中野翠さんがやってきた。今日はうちで対談をすることになっているのだ。

ここでまた私が、

「どっちがいいかしら」

などと尋ねたものだから大論争が始まった。中野さんは大津絵の方が絶対にいいという。

結局決まらず、そのうちに新幹線の時間は迫ってくる。

「ええい、あちらで考えよう」

私は二枚の着物を持っていくことにする。

一枚も二枚もたいして変わりないだろうというのは男の人の考えで、帯も長襦袢も、帯締めも帯揚げもそれぞれのものを持たなくてはならない。大変な荷物になる。

ギックリ腰の私は秘書のハタケヤマさんと手分けして持ち、東京駅まで送ってもらった。

こんな日に限り、雨が降ってきて道路は大混雑だ。早めに家を出たのに東京駅に着いたのは五分前である。病身にムチ打って大きな荷物を片手に走るつらさといったらない。

ギリギリに席にすべり込んだ時は、安堵のあまり気が遠くなりそうになった。それでも新幹線の中で、大津絵にしようか、桜にしようか考えなければならない私である。

「だいたいね、自分の着ようとするもんを決められないような人間が、着物の賞をもらおうなんて間違っているよ」

夕飯の席でA氏が怒鳴った。A氏とB子さんは仲よしの編集者で、仕事かたがた私の授賞式出席のために来てくれたのだ。

「君が着物の文化普及と発展につくした、なんていって京都市から賞をもらうなんてさ、おかしいよな。もっと着てる人じゃなきゃヘンだよ」

さんざん毒舌を吐きながら、彼はメニューをめくる。そしてやってきたウェイトレスに言った。

「ねえ、君、ワインリストを持ってきてくれよ」

私たちが食事をしているところは、ホテルの地階にある日本料理屋さんだ。ワインリストをと言われたウェイトレスは困惑しきってもじもじしている。

「あのう、ワインはハーフだけになりますが」

「ハーフって何なの、キャンティぐらいかな」

「あのう、シャブリです」

「じゃ、それを持ってきて」

さっそく瓶が運ばれてきたが、それで済むはずがない。彼はまたウェイトレスを呼びつけた。

「悪いんだけど、この白、氷で冷やしてくれないかな。三十分ぐらいワイン・クーラーにね」

運ばれてきたしゃぶしゃぶをつついている私やB子さんは、その間白けた表情のままだ。

「ねえ、僕ってさ」

冷やされた白ワインを口に運びながらA氏は言った。

「雑誌からグルメエッセイの連載頼まれちゃってさ。いまやろうか、やるまいか迷っているところなんだ」

「もちろんやめなさいよ」

ぴしゃりとB子さんが言った。

「あなたこそみっともないじゃないの。グルメでもないのにグルメエッセイなんておかしいわよ」

ひ、ひ、いい気味と心の中で囃《はや》し立てながらふと思った。造詣が深い、というのはいったいどういうことなんだろう。

私程度に着物が好きで、私程度の知識の人だったら世の中にいくらでもいる。が、世の中には二種類の人間というものがいて、ひとつは知識を静かに自分自身の中で楽しんでいる人、ひとつは持っているものをすべて吐き出さなくては気の済まない人だ。

私やA氏は後者のタイプである。仕入れたばかりの知識は、右から左へすぐ移動され、すぐ披露される。ちょっと着物を着ればすぐそのことを人に言いたがるタイプというのは、発酵する時間の深さはないというものの、一方的に否定されるとつらい。世の中、私やA氏のようなおっちょこちょいで、案外うまくいっているのではないだろうか。

さて授賞式であるが、京都市長や審査員の山村美紗先生たちが居並ぶ中、着物姿でつつうと歩くのは、そりゃあ緊張した。
着物は直前で決めた桜、ギックリ腰はほんの少し直っていた。

ワイドショーに出た

最近のワイドショーと女性週刊誌のつまらなさを一度書こう書こうと思っていたら、先週号の「テレビ評」でも現場の方がそれに触れていらした。内部から見ても、ワイドショーというのは青息吐息のようだ。全くひどい、本当にひどいものである。

もちろん皆さんおわかりだと思うが、私はどこからか原稿を頼まれ、初めてワイドショーや女性週刊誌を見て「くだらん」「つまらん」と息まく物書き連中とは全く種類が違う。長年にわたって愛好してきた者のひとりとして、このていたらくが本当に悲しいのだ。名前も聞いたことのないようなタレントの「朝帰り発覚」が、トップニュースになるようになってからというもの、私はそろそろワイドショーを見限ろうかと思ったりしている。

きんさん、ぎんさんは大好きであるが、百恵さんと並んで完全にネタがない時の「埋めクサ」要員になろうとしている今は、憤然としてしまうのみだ。

　これもひとえに、かつてワイドショーを楽しく華やかにしていたスターたちの結婚、離婚がなくなったせいである。大物と呼ばれる人たちはひととおり結婚してしまったし、その後は結構家庭を大切にして離婚にはいたらない。今朝は若山富三郎さんがお亡くなりになったというニュースがトップを飾っていたが、不謹慎な言い方をすれば、放送時間をすべて費やすようなスターの死というのも久しぶりなのである。

　スターというものがおとなしくなり、そもそもスターという言葉が消えつつある今、跳梁跋扈《ちょうりょうばっこ》するのはつまらない小物たちばかり。プロモーションがらみで登場したりするのはかわいい方で、先日は私を激怒させた出来事があった。若者にちょっと人気のある歌手がコンサートを開いた。もちろんこれだけではニュースにも何にもならないが、彼は婚約したばかりの女性を舞台で挨拶させるという。ネタ不足の折でもあり、ワイドショーやスポーツ紙の人たちが何人か会場へ行ったのだ。

　するとその歌手、何をしたと思います？　完全にマスコミ連中を馬鹿にしきって、コンサートの聴衆にこう言うのだ。

「さあ、みんな、マスコミの人たちを手拍子で迎えましょう」

　フィアンセを撮ろうと、カメラマンや記者の人たちが舞台の下に集まる。するとその歌手は、高みから、群がる昆虫を眺めるような視線とニタニタ笑いをする。いっせいに集まってきた記者連中の姿はそうなると滑稽なものとなり、会場内からどよめきがもれた。そして歌手の歌声と手拍子。

「♪さあさ、マスコミさん、いらっしゃい。マスコミさん、いらっしゃい♪」

あの時カメラや照明を担いでいた人たちがひとり残らず心の中でつぶやいたことを、いま私が代わって言ってあげます。

「バーロー、お前がマスコミをおもちゃにすんのは二十年早いわい。桑田やユーミンならいざ知らず、B級の奴がこういうことをすんなよな。だいたい婚約者が来るから取材に来てくれって、ファクシミリを寄こしたのはどこのどいつだい！」

マスコミの一角で仕事をさせていただいている私としては、こういう人間に対して本当に腹が立つ。私だったら取材に来てくれた人たちに、こんな失礼なことはしない、と思った折も折、私のところに本当にワイドショーの取材が来たではないか。

例のグレース大賞授賞式に、わざわざ東京からやってきたという。本当にすごいネタ不足なんだ。私は現在、

「テレビは出るものではなく見るもの」

という境地に達している。だがその日マネージャーのように私につき添ってくれた女性編集者が、プロデューサーから名刺をもらっておろおろし始めた。

「どうする？　断わってもいいんだけど、わざわざ東京から来てくれたんだしね。取材ぐらいいいんじゃない。五分で済むっていってるし、私からお願い」

ということで私はロビーの片隅でインタビューを受けた。このインタビューがすごくくだらないの。おそらく私の本など一冊も読んだことがないだろう男が、見当違いのことをあれこれ言うのである。

「ハヤシさん、すごいですね。今までこの受賞者は、名だたる美人女優ばっかりですよ。そういう仲間入りをしたような気分になるでしょう」

ニヤリと笑うから頭にきてしまった。

「あのですね、今まで芸能界の方ばかりだったので、ここらで分野を拡げてみようということで私がいただいたわけですから、趣旨と目的がそもそも違います。私も別に女優さんの仲間になろうとは思ってませんからねッ」

私は見なかったのだが、このワイドショーが放映された後、友人たちから電話がかかってきた。

「すごくおっかない顔してさ、キッと睨んでんだよ」

「それはね、リポーターに向いて睨んだだけで別にカメラを睨んだわけじゃないわ」

そして私は気づいた。テレビというのはおそろしい。その場の雰囲気が嫌で嫌で不機嫌な顔をしていれば、その私の表情はそのまま画面に映り「感じの悪い人」ということになってしまう。

それにしてもなあ、ああいうインタビューで大金をもらう芸能人もいるらしいが、私のような場合は一般の人がもらう社名入りのボールペン一本くれるわけでもない。それでテレビに映った時「感じの悪い奴」ということになりゃ、全く損をするばかりではないか。

「まあ、まあ、ハヤシさん、そういきり立たないで」

この欄の担当者が言った。

「誰も悪意でしてることじゃないんですから」

「そうよ、それはわかっているわよ。でも私の場合、無意識でされると全部、悪意に変わるのよ。ほら、これ、見てよ」

それは先週号のグラビアに載った私の写真である。宮沢りえちゃん、後藤久美子ちゃんの写真の後（これってやはり悪意だと思う）、グレース大賞授賞式で壇上に立つ私の姿。真下から撮ってるから、顔の半分が二重顎ではないか。

「マスコミにおける無意識は悪意である」

これって名言だと思うがどうだろう。

私の休日

なんと四日ぶりに机の前に座った。大きな仕事はひと段落したし、月刊の連載の端境期である今は、いちばんゆったり出来る時である。

続けて歌舞伎を見に行ったり、うんと手をかけたちらし鮨をつくったりと、女性雑誌のグラビアに出てくる人のような日々でなんだか気恥ずかしいぞ。ひとりでタイトルをつくって遊ぶ。

「どんなに忙しくても暮らし上手のハヤシさん」

「好きなものだけに囲まれて生きる。この人の生き方が好き！」

皮肉を考えつつもこういう優雅な日常は私の性格まで変えるようで、なんだかやさしい、おっとりした気分になるようだ。

そこへお客さまたちがやってきた。今度「看護の日」のシンポジウムにパネラーとして出席するための打ち合わせである。

劣悪な条件の下で働いている看護婦さんたちの話を聞いているうちに、私はついこんなことを口走ってしまう。

「私のように普段のんべんだらりと暮らしている者が、パネラーとしていろいろ言う資格はないと思うんですよね。せめて三日間ぐらいは看護婦さんとして働いて、何万分の一かの苦労を体験しなくちゃ」

言った後でしまったと思った。だいいち私のような者が看護婦としてまぎれ込んだら、患者さんも病院も迷惑であろう。なにか大変なそそうをしてしまいそうな気がする。それに私の心の中に、いっぺんぐらい制服を着てみたいというミーハー気分がないとはいえない。

こういう人間がやっぱり白衣の天使になるのはマズいんじゃないだろうか。しかし看護婦協会の方は大層喜んでくださった。

「ハヤシマリコって、案外いい人じゃないの」

という感じの微笑が顔いっぱいにひろがる。

「わかりました。どこかの病院を見つけてさっそく連絡をとりましょう」

こんなわけで連休の何日か、私は某病院で働くことになった（もちろん下働きであるが)。夜勤だってちゃんとするんだから。こんな気分になってはいけないだろうけれど、なんだか今のうちからわくわくしてしまう。

さて、打ち合わせの後は踊りのお稽古へ行き、夜はテレビをめいっぱい見る。朝、夫が新聞のテレビ欄を見ながら、

「今日は君の好きそうな番組をやるよ」

と教えてくれたやつだ。「美智子さま愛の三十三年」という番組は、今まで見たことのない古いフィルムが流れたりしてとても面白かった。

言うまでもなく最近は美智子さまブームである。紀子さまブームというのもあったが、なにしろお若いし、これといったドラマがあるわけではない。主役の座はお姑さんの方にいったような気がする。皇太子妃がなかなか決まらないもの足りなさも、美智子さまブームに火をつけたようだ。

私のまわりの若い友人たちが、ご成婚当時の美智子さまを見て、

「あんなに綺麗で品のいい女の人を見たことがない」

と驚いていたが、彼らにも当時のご様子は新鮮だったのだろう。あの頃私は幼稚園児であったが、世の中にあれほど美しく素晴らしい方がいるのだろうかと子ども心にも深いショックを受けたのを憶えている。確かにいま二十四歳で、あれほど落ち着いて威厳があり、あれほど達筆の手紙を書ける女性がいるだろうか。

全く美智子さまがご結婚前、毎日新聞の清水記者にあてて書かれた手紙は、深い知性と素直さ、前向きの人生観に溢れたすごいものである。これが朗読されるたびにじんとくる私は、五歳からの筋金入りの〝美智子さまファン〟なのであろう。正直いって現在の皇后にはそれほど興味がないが、古いフィルムの中の、若く美しく高貴な人には目も心もひきつけられる私だ。

さて、この手紙について、私はかねがね大きな疑問を持っていた。どうして皇太子妃になる女性が一介の新聞記者に私信を出したのだろうという思いだ。番組によると清水記者は前々から正田家に接触し、しかも約束を守り発表後まで決して記事を書かなかったというのだ。

婚約記者会見のフィルムが流れる。いつもは、

「ご誠実でご立派で心から尊敬申し上げられる方だと思いました」

という有名なくだりしかやらないが、その番組は延々とディテールまで見せてくれた。居並ぶたくさんの記者たち、その中に若き日の清水記者がいるではないか。なかなかハンサムでいい感じである。私だったらここでひとつの小説を書いてしまう。

若い新聞記者がプリンセスになる女性を取材しているうち、淡い思慕を抱く……。なんだ、なんだ、これは『ローマの休日』と似ているではないか。

フィルムはさらに続き、昔の記者の人たちは今よりももっと狎《な》れ狎れしい感じなのが

わかって興味深い。男の声がかぶさる。

「外国でいちばんお好きな国はどこですか」

「駆け足旅行でしたので、どこがいちばんとはいえません」

私は聞いていて思わずコーヒー茶碗を手から取り落としそうになった。まさしくこれは『ローマの休日』の最後のシーン、王女に戻ったオードリー・ヘップバーンが記者会見をする時のセリフだ！

あの映画を見た記者がちょっとお茶目をし、美智子さまもとまどいながら、ちょっぴりノってらっしゃっている。すごい発見だぞ。

しかしご婚約している時に『ローマの休日』はもう製作されていたのだろうか。私はさっそく本屋さんへ行き、『名画ベスト100』というのを買った。それによると『ローマの休日』は一九五三年、ご成婚は一九五九年である。私は嬉しくてたまらなくなった。などということをしている間に、私のつかの間の安らぎの日々は、あっという間に過ぎたのである。

ぎっくり腰防止のためのバランス・シートを買ったのも、この休日の間であった。今、そのシートに座り、久しぶりにペンを動かしている。

ガンバレ〝外人〟

この数年で価値が最も下落したものとして、私は〝外人〟を挙げたい。

昔〝外人〟というのは、豊かさとエキゾチシズムの象徴だったはずだ。私が小学生の頃だから、昭和三十年代の話であるが、校庭がわーっとにぎやかになった。なんでも〝外人〟が現れたというのだ。いま思い出してみるとブラジルから来た日系二世というのだから、外見は日本人とそう変わったところはないはずだ。それなのに田舎の子どもたちは異様に興奮し、長嶋選手にサインをねだるかのように、まわりをとり囲んだ。

「ワタシハー　オトウサンノクニヘ　キマシター」

おかしな抑揚の日本語に、私たちはどよめきをあげた。しかしこの行為は先生にひどく叱られることになり、全員集められたはずである。

「先生は情けない。先生が子どもの頃、〝ギブ・ミー・チョコレート〟と言ってみじめなことをした。それと全く同じじゃないか」

叱り方にも時代が表れているというものだ。

さて、今は右を向いても、左を向いても〝外人〟ばかり。私のうちの近くの表参道を歩けば、出稼ぎモデルたちが闊歩している。代々木公園はご存知、イラン人の溜まり場だ。

さすがに都会だと思ったら何のこともない。山梨の田舎へ帰ったらそこも〝外人〟だらけだ。近所の工場に勤める東南アジアの青年だった。

うちのマンションだって隣りはメキシコ人である。

もう幼い頃の憧憬や好奇心はない。とはいうものの、珍しい国から来ているひとは、やはり希少価値がぐっと上がるというものだ。このところ一週間に二回は行っているカラオケスナックがある。そこにこまめによく働く青年がいて、

「どこから来たの」

と聞いたところネパールというではないか。ネパール、ネパールねぇ、確かヒマラヤのあるところよねと言ったら、頷《うなず》いた笑顔がとても可愛い。浅黒い肌に大きめの瞳、真白い歯。もう日本では見られなくなった青年の清々しい笑顔、なんてことを思うのも、やはりネパールという特殊性によるのだろう。

私はこのところ行くたびに、わずかではあるがチップと貰《もら》いもののテレホンカードを

渡しているの……というようなことを中沢新一さんに話したところ、

「ナマステ（こんにちは）と言ってあげたら喜ぶよ」

と『チベットのモーツァルト』の著者は言った。さっそく私は実行したら、

「ナマステ」

と笑顔が返ってきた。

そう、この感激は大阪万博以来だ。修学旅行で行った私はケベック州館の前に行列していたと思ってほしい。そこへメガホンを持った男性（日本人）が現れ、入館にあたっての注意をした後、こう言ったものだ。

「皆さん、ケベック州はカナダではありますが、フランス語が公用語です。フランス語でこんにちはは、ボンジュール。中でケベックの人たちに会ったら、ボンジュールと声をかけてください」

素直な私はすぐにそうしようと決心した。しかし〝外人〟に声をかけるのはかなり勇気がいる。テントに入る直前で、制服を着た白人の男が二人なにやら話していた。さあ、言うのだと私は覚悟をきめる。

「ボンジュール」

私の高らかに叫んだ挨拶を、男二人はすばやく返してくれた。

「ボンジュール」

あの時は本当に嬉しかったよなあ。〝外人〟と口をきいたのは私だけだったから、クラスの中でも鼻高々だった。

しかしこの頃の若いコときたら、〝外人〟に対する尊敬も何もない。東南アジアに対する偏見というのはよく問題にされるが、私の見たところ白人にも冷たい。金髪の超美形だったらいざ知らず、旅行者が道に迷っていても知らん顔をしている。

少し前までは胸をドキドキいわせながら、

「メイ・アイ・ヘルプ・ユー」

とヘタな英語で話しかける者が必ずひとりかふたりはいたものなのにと思う。

が、こうした〝外人〟に対するクールさも国際化の証《あかし》に違いない。ごく日常的に〝外人〟がいるあまり、もう特別の注意をはらわないようだ。

それにつけても不思議なのは、これほど〝外人〟ずれして彼らに関心を示さないくせに、英語を習おうとする人は減っていないという事実だ。

かつてこの国の人々は、

「よその国の人たちと話をしたい」

という片恋的気持ちから英語を必死で学ぼうとした。今の人たちはそうした大きな目的が薄らいでいる中、何をめざして英語を習っているのだろうか。

最近の私は英語はもうあきらめ、イタリア語かスペイン語の学校へ行こうかなあとぼんやり考えている。いや、それよりももっと珍しい言葉がいいかもしれない。スワヒリ語やヒンズー語、それと同時にうんと珍しい国の人とお友だちになりたい。シエラレオネとかマリ、チベットと私は考えつく国の名を挙げる。こういう国から日本に来ている人は、何かを学ぼうとする人かもしれない。

私はたいしたことは出来ないが、たまにご馳走してあげるぐらいのことは可能である。やがて私のうちは留学生の「憩いの家」となり、私の暖かい励ましにより、何人もの学生が元気づけられる。

そして本国に帰った彼は私のことを感謝し、ぜひ招待したいということになる。行くと小さな国だから大統領も自ら出てきて、私に勲章をくれたりする。

というようなことを人に話すと、図々しいと笑われるのであるが、このくらいの楽しい想像力をかきたててくれるのが〝外人〟の使命ではないか、ロマンというものではないか。

この頃の〝外人〟というのは、その背後にあるものがスケスケに見えてしまう。みんな日本の貧相な男のように背を丸めていてがっかりしてしまう。かつての〝外人〟のように、元気よく自分の国のにおいをふりまいてほしい。

解　説

大和和紀

朝食の仕度をしながら、ついうっかり味噌汁の鍋を覗きこんでしまった。

いかんいかん、ナベの中で新鮮な水にありついたアサリがのびのび、はくはくと幸せそうにくつろいでいる。

ごめんねごめんね、これから君達を五右衛門状態で味噌汁にしなくてはならないの。水からじゃないと美味しくないらしいから。

つぶやきつつ鍋にフタをして、死にゆくアサリに別れを告げる。

私は漫画家のほかにパートで主婦とハハをしている。パートとはいえ、まだ乳のみ児の子供と自分と夫と、ついでに二匹のネコの面倒を見るのは正直大変である。

林真理子さんも、ハンサムで格好いいご夫君のお世話が大変な（ご本人の弁）パートに主婦もする小説家である。

私自身、仕事もやりたい放題して来たあげくの結婚、ついでに出産（超高齢……つまり晩産なので友達からはヴァンサンカンと呼ばれている）という取りこぼしのない、いや欲張った人生と思われているが、いやいや、私など林真理子さんに較べたら慎しいものだ。

本シリーズの読者はよくご存知だが、林さんは小説家としての実力も名声も惚れこんだ夫（本人はあれこれ言うが、絶対にそうだ！）も手にし、オニに金棒状態の上に実にエネルギッシュに遊ぶ。

同じもの書きでも、原稿に時間のかかる漫画家と違い、小説家は取材に、講演にと外出の機会が多い。

林さんはそれに加えて観劇、旅行、買い物と、それがこのシリーズのネタになっているのは言うまでもないが、女性の三大欲望である、見る、食《く》う、買うをクリアーしている。

その上日舞、声楽は本物の舞台を踏み、最近はイタリア語を、容姿端麗でなるべく女遊びしていそうなイタリア男に習いたい（できれば不倫のセンも狙いたいとか）と言い出している。

なんというぜいたく者。こんなに現世を享受して良いのだろうかという欲張りな人生なのである。

私は現在、林さんに原作をいただいて「月刊ｍｉｍｉ」という少女誌に「虹のナターシャ」という連載漫画を描いている。

蘭子・ナターシャ・呉竹という日露混血の美少女が、第二次大戦前夜の日本と中国を舞台に恋に生き、歌に生きるという波乱万丈の少女漫画である。

原作が決まった時、私も編集部も林さん一流の、現代に生きる男女の軽妙な恋物語を予想していた。しかし案に相違して出て来たのが、この懐しささえ覚える大河ロマンだった。

聞けば林さんご自身、漫画家を志した事があったが絵がうまく描けないのでやめた、との事。

今回はその頃描きたかった、私達がかつて夢中になって読んだ華麗だった少女漫画——手っとり早く言えば宝塚の舞台に取り上げてもらえるような作品にしたいと仰《おっしゃ》る。もともと派手な画面好きの私に文句のあるはずもなく、我々は「目指せ宝塚！」を合い言葉に連載をスタートしたのだった。

以来、毎月の打ち合わせの度に、時事、芸能界、皇室と、ミーハーおばさん話に花咲かせ、林さんの豊富な知識に耳をかたむけ、宝塚の実地検分《けんぶん》だ、浅草オペラだ、ダイエットイタめしだフグだ、とご一緒し、打ち合わせのあい間に原宿のバーゲンに馳せつける。

（私達二人共ブランド物バーゲンという赤札に弱い。いやちゃんと仕事はしてますって

ば)

一緒に仕事をするようになってから、林真理子さんってどんな人?　と聞かれるようになったが、実際林さんに逢った多くの女性達が林さんて可愛らしい方ねえと感想をもらす。

その通りだと思う。

林さんはいつも世の中で一番新しいもの、面白いものはないかと目をこらしている。子供のような純粋さと熱意を持ってTVや雑誌、人の話の中にドラマを探している。興味を持った対象には、普段の内気さや人見知りは捨て去って、驚く程ストレートに取材を始める。

その人の生活、業界のなかみ、うわさ、なれそめまでもこと細かに聞き出す。勿論そばにいる私も聞き耳頭巾《ずきん》と化すのだが、林さんの興味の対象が、ダイエットや高貴の血筋、芸能、スポーツと、女友達とのお酒のサカナ、オバさん話と合致するのがうれしい。

林さんのエッセイの愛読者が多いのもうなずけるところだ。流行、様々な出来事や時の人物を林さんがエッセイに取り上げる時、私達が内々感じている事を林さんは実に的確な言葉にしてくれる。

この皇族は、あの芸能人は……そうそう私もそう思ってたのよ。かくてミーハーオバ心《ごころ》は満たされるのである。

昨今、世の中はオウム真理教問題で大騒ぎ、林さんも書いているのだが、信者の女性達が、皆一様にサムい顔をしていて……という一文があって、本当にこの人は言葉探しの天才じゃないかしらと思ったりする。

私は日頃、一流のクリエーターは日常感覚がしっかりしていると考えている。というよりも日常感覚……生活感覚がしっかりした作家が好きなのかもしれない。

どんなに鋭いセンスを持っていても、生活……一般人の考えや行動を理解出来なければ、多くを説得することはないだろう。

ブツブツぼやきながらもサラリーマンの妻をして、編集者や漫画家に気を使い、そのくせいつの間にか本業の小説も上手くなっている。林真理子さんはやはりタダ者ではないのかも知れない。

漫画の原作者としての林さんは、漫画の細かな注文に実に誠実に応えてくれる。

ちょっとこの辺は直してくれた方が絵が描き易いと言うと、難しい事を言わずに書き直して下さる。本当に有難い原作者である。

林真理子さんはいい人だ。

漫画は絵にする作業が手間のかかる仕事である。連載の一本分四十五ページで十日間は必要だ。だから原作は早いほど有難い。

実は先日も手直しをして欲しい個所があったのだが、作画の進行が間に合わない。やむを得ずこちらで直しながら進めさせてもらおうと思っていたところ、すぐに書き直してくださるというお返事。

いい人だ！

……が、しかし待てど直しのFAXが届かない。ええい、見切り発車で描き始めた所にFAXで原稿が来た。

これが又、格段の出来で、さすがプロ――と感心、でも私はすでに半分描いてるのを初めから描き直し……。

……いい人なのかしら、やっぱり……。

でもいつだったか一緒にコマ劇場に行った時、ギリギリまで仕事だったのに誰より早く来て、みんなの分のハンバーガーを買って来てくれた林さんはやっぱり偉い！

昼食を食べそこなったと言って、ダナ・キャランを着てパンをくわえてハイヤーに乗り込んで来た人。

電話をすると「どもども、すみません」を連発する人。

林さん、やっぱりいい人だ！

……だから、原作のお原稿は何卒《なにとぞ》お早めに……。

（漫画家）

単行本　平成四年七月文藝春秋刊